用友基金会"商的长城"重点项目《晚清民国档案牙行文献与近代交易制度形成研究》（项目编号：2021-Z06）

U0661469

中国近代贸易与牙商的发展研究

王天博　著

山西人民出版社

图书在版编目（CIP）数据

中国近代贸易与牙商的发展研究 / 王天博著. — 太
原：山西人民出版社, 2023.8
ISBN 978-7-203-13005-5

Ⅰ．①中… Ⅱ．①王… Ⅲ．①贸易史—研究—中国—
民国②商业史—研究—中国—民国 Ⅳ．①F729.6

中国国家版本馆 CIP 数据核字(2023)第 156555 号

中国近代贸易与牙商的发展研究

策　　划：山东瑞天书刊有限公司
著　　者：王天博
责任编辑：孙　茜
复　　审：贾　娟
终　　审：梁晋华
装帧设计：瑞天书刊

出 版 者：山西出版传媒集团·山西人民出版社
地　　址：太原市建设南路 21 号
邮　　编：030012
发行营销：0351-4922220　4955996　4956039　4922127（传真）
天猫官网：https://sxrmcbs.tmall.com 电话：0351-4922159
E–maill：sxskcb@163.com 发行部
　　　　　sxskcb@126.com 总编室
网　　址：www.sxskcb.com

经 销 者：山西出版传媒集团·山西人民出版社
承 印 厂：济南文达印务有限公司
开　　本：710mm×1000mm　　1/16
印　　张：12.75
字　　数：200 千字
版　　次：2024 年 5 月第 1 版
印　　次：2024 年 5 月第 1 次印刷
书　　号：ISBN 978-7-203-13005-5
定　　价：58.00 元

如有印装质量问题请与本社联系调换

前　言

我国对外贸易始于先秦，盛于宋元，衰于晚清，中华人民共和国成立70多年来，对外贸易发展迅速。以史为鉴，可以知兴替。全面深入回顾中国近代对外贸易发展史对规划未来中国对外贸易美好蓝图具有十分重要的意义。中国是世界第一大货物贸易国，也是全球120多个国家和地区最大的贸易伙伴，170多种产品出口量位居世界第一。但在"贸易大国"光环背后，我们也意识到我们距离"贸易强国"还有很大差距。总体上看，我国目前国际竞争主要还是依赖传统要素优势和价格优势，产品附加值低，在国际价值链分工中的地位偏低，国际贸易利益分配处于弱势，缺乏以质量、技术、品牌、服务为核心的竞争新优势。我国服务贸易发展滞后，是世界第一大服务贸易逆差国，高附加值的服务出口占比偏低。同时，外贸发展在体制机制、政策环境等方面也存在诸多制约因素，整体开放度仍有待提高，这些都需要我们从中国对外贸易发展的历史中找寻经验、启迪未来。

牙商是中国城乡市场中为买卖双方说合交易并抽收佣金的中间商人，牙商的产生是商品交换发展的产物，也是为适应商业发展需要不断调整社会经济结构的结果。近代以来，牙商广泛存在于商品流通领域，担任着商业贸易的中间人，在国内外贸易中发挥了非常重要的作用。1861年烟台开埠通商后，国际贸易迅速发展，沿海地区成为进出口商品买卖和转运的枢纽。为了适应近代以来的经济发展新形态，牙商在市场结构、经营职能、组织体系等方面出现了一些新的变化。

本书的编写得到了张彦台领导的大力支持和专业指导，并提出了宝贵的意见，也非常感谢李伟老师一同在学术专业上的探讨。特此向两位老师表示深切的谢意！

2023 年 3 月 26 日

目　录

第一章　近代世界市场贸易进逼中国

利润是推动商业发展和市场发育的主要动力。商品寻找市场的扩张力是通过商人的趋利行为表现出来的，因此，商品的扩张力与市场利润拉力是商业行为中极具互动意义的两个方面，两者缺一不可，有其一，就必然会促使出现其二。国际贸易早已存在。从广义上说，国与国之间的贸易就可以认定为国际贸易，因为这种贸易是具有世界性的；从狭义上说，国际贸易应该具有一定的规模，即若干个国家之间或跨洲际的贸易。在 15 世纪末地理大发现之前，欧洲人的贸易主要集中在地中海地区，承担东西方国际贸易任务的商人是阿拉伯人和意大利人，他们利用自己所处的地理优势和经商经验，构建、发展并主宰着横跨欧、亚、非各大陆的世界市场，中国的丝绸、瓷器和南亚的香料在那个时候是欧洲人最喜好的商品。

第一节　近代世界市场主要特征对中国的影响

进入 16 世纪，世界市场发展所呈现出来的特征与以往的不同。

人口增长与经济发展之间的矛盾使得欧洲人越来越依赖东方的商品与世界市场，于是世界市场的范围日益扩大。欧洲经济开始明显超越东方较为自给自足的帝国，逐渐适应国际贸易。欧洲的消费者和生产者变得习惯并依赖于外国的商品和市场。人口压力加之诸国家和城市国家之间的竞争，驱使商人们去寻找新的产地、路线和市场。出于地理原因，欧洲无法实现自给自足，因此急需香料和其他外国产品。这一需要与迅速发展的经济及蓬勃的经济活力一起，促使欧洲人航行于各大洋，使欧洲商人遍布每一个港口。[①]新的消费需求和对利润的追求推动了环球航海的发生，环球航海又导致了地理大发现，于是一个更大也更多彩的世界出现在探险者和殖民者的面前。美洲当时尚处蛮荒状态，拥有丰富的银矿资源，而中国作为一个拥有悠久文明的国家，能够提供物美价廉且适用的商品。这两者的存在促使葡萄牙、西班牙、荷兰、英国等欧洲国家急切的想要摆脱中世纪由阿拉伯中介商主导的贸易模式，通过各种方式，从平等贸易到武装掠夺，从贸易请求到索要或占领土地，形成一场特殊贸易与殖民相结合的全球市场运动。同时，东方市场也逐渐出现了一种满足和创造西方消费需求的生产分工体系。尽管这种分工体系直到 18 世纪才完全形成，但在中国，比如江南地区和珠江三角洲地区的丝织业、浙江、福建、安徽的制茶业，以及江西的瓷业，早就出现了能够适合西方市场甚至

[①] ［美］L.S.斯塔夫里阿诺斯：《全球通史——1500 年以后的世界》（The World Since 1500 A global history），吴象婴、梁赤民译，上海社会科学院出版社，1992 年版，第 21—22 页。

改变西方人的生活消费方式的产品。美洲的货币生产、亚洲的商品生产以及欧洲的商品消费，这三者所产生的巨额利润使得世界市场逐渐形成了一个全球互补的体系，将世界推进了近代的大门。

虽然这种互补体系并非完全建立在和平和公平交易的基础上，但对中国这个当时全球最强大的帝国，欧洲殖民者和商人不得不保持一定的尊重。尽管在某些情况下存在争端，例如葡萄牙占领了澳门，西班牙在占领菲律宾后考虑远征中国，荷兰曾侵占台湾，英国和荷兰的航海家几乎都曾抢劫过中国的帆船。[①]但他们更多还是按照中国政府的安排与中国的官商进行公开贸易，或是绕过政府与民间商人私下交易。这种和平型的主要贸易模式一直延续到1840年的鸦片战争，这场战争的炮火最终打破了这种平稳的贸易格局。

---

① 田汝康：《十七世纪至十九世纪中叶中国帆船在东南亚洲航运和商业上的地位》，《历史研究》1956年第8期，第5页。

第二节　西方商人逐鹿东亚海域

中国乃至整个东亚地区在这一时期仍未迈入近代的门槛，仍然停留在古代的框架中，继续以自给自足为基础，进行各种各样以朝贡和民间交换形式为特征的贸易活动。

持有经济动机的西方人进入东方后，为了追求最大收益，必然会进入长期由中国主导的以政治为主的传统朝贡贸易圈。因为对于西方人而言，中国的朝贡贸易体系代表了阻碍和成本，他们愿意冒险探索新的航路，就是为了直接从印度获取香料，从中国获得丝绸等商品。在过去，波斯商人和阿拉伯商人作为东西方贸易的中介，获得了巨大的利润。如今，西方人终于来到东方，他们要自己得到这笔利润。波斯人和阿拉伯人已退出舞台，马六甲人和吕宋人也被征服，西方人迫切想进入中国大陆，直接与生产丝绸、丝织品、茶叶、瓷器等产品的商人进行交易。西方人在日本、吕宋、咬留巴、满刺加和暹罗等地与中国商人进行交易，只是出于无奈之举。即使能在澎湖和台湾等地贸易，也无法与在定海、南澳、浯屿等地直接贸易相媲美。这种无奈情况的出现，是因为当时中国政府仍然有能力坚持限制对外贸易，并对中国商人的交易进行管制。然而，自从西方人意识到中国商品在世界市场上的巨大潜力后，他们一直没有放弃追求中国沿海贸易。他们不明白，为什么中国商人不能自由地进行买卖？为什么中国政府官员要如此限制商人之间的交易？尽管如此，他们也并没有像对待美洲大陆和东南亚诸岛那样采取征服手段来对待中国，在 16 世纪至 19 世纪初的 300 年中，他们中的大多数人还不敢把中国看低了。

因此，我们可以观察到，在中国市场与世界市场的互动中，既存在冲突也存在互利。所谓的冲突，指的是葡萄牙、西班牙、荷兰、英国等国之间的经济行为冲突，以及他们的经济行为与中国政府的政治行为之间存在的冲突；而所谓的互利，则指的是葡萄牙、西班牙、荷兰、英国等国的经济行为与中国商人和民众的经济行为之间的互利关系。冲突中蕴含着互利，而互利反过来也可能引发冲突。

1840—1842 年间，由于中国清政府的软弱，英国人宣布香港为自由海岸，定海也为自由口岸；英国政府机构迁至香港；英军相继攻占乍浦、吴淞炮台、上海、镇江；1842 年 8 月 9 日，英全权公使到达南京。29 日，清政府签订中国近代史上第一个丧权辱国的不平等条约《南京条约》。1843 年 6 月，交换条约批准书。宣布割让香港。7 月，公布《中英五口通商章程》。10 月，签订《虎门条约》。1844 年 7 月，签订了中美《望厦条约》。10 月，签订了中法《黄埔条约》。1849 年 4 月，中国海关被迫撤出澳门。是年，葡萄牙人占领澳门。

在大部分历史材料中我们发现，16 世纪初到 19 世纪中叶的 300 多年中，中外贸易发生了十分重要的变化，在这个时期，西方各国不遗余力地采取各种手段，努力将市场拓展至中国沿海地区。这种拓展具有以下几个显著特点：

一、经济利益始终第一

自始至终，西方各国的动机都围绕经济利益展开，从最初为了寻找急需的香料和丝绸市场而开辟新的航路，到后来派遣特使向中国进贡、祝寿；从掠夺中国商船、残害沿海和海岛商人以及域外华人华商，到协助中国政府攻打台湾的郑氏家族、追剿海上商盗；从武力占领沿海岛屿，到通过外交途径请求在中国居留地；从急切地推销欧洲产品，到不顾一切地倾销鸦片；从商务谈判和外交手段，到发动战争、迫使签订条约，所有这些举措都是以他们迫切追求的经济利益为出发点。

在初期，尽管世界市场尚未完全形成一个一体化的体系，但已构建了相关市场。中国拥有一个庞大的贸易市场，同时具备相当的军事实力，以内陆文明为中心，对外部世界并不十分重视，所以西方各国不得不通过商贸和外交手段来实现自身动机。1787 年，在英国特使乔治·卡斯特雷（George Macartney）接到的指示中，我们仍然可以看到这种经济动机和相应的手段：

> 在 1787 年 11 月 30 日的训令里，指令卡思卡特中校前往北京；如果可能，应秘密驶抵一个北方的口岸，特别指定在天津；但如有必要，可以采用陆路，由广州往北京。他在该处商讨让与不列颠王室一个商站，不列颠商人可以在该处推销待售的货物，而中国商人和船只可以经常来往该处。在一封秘密函件中，曾经指出澳门是适宜于做这样的商站，可以从葡萄牙得到让与，但必须取得中国政府的同意；另外可以选择厦门以内或其邻近，因为该处比广州更靠近茶丝的产区。在这种商站里，中国人仍然由中国司法管理，但不列颠人则由他们自己的法律管理；而英国的头目本人不负责不是他自己所做的行为。假如不能获得这样的商站，特使务必尽力争取获得双方都有利的贸易管理的最好条件。①

这里已经没有外交辞令，一切都是赤裸的。正是在这种赤裸的指令中，我们可以看到当时欧洲人对中国的一切企图都建立在他们所需要的"市场"上，包括对"居留地"的要求。这种市场在 300 多年中是变化的，从开始希望得到香料、丝绸、瓷器，到后来对茶叶的大量需求，从 16—17 世纪不惜花费大量白银购买中国商品到 18 世纪急于向中国寻找工业产品的买主以夺回白银。从西欧各国的动机来看，他们无一不希望中国市场成为当时世界市场的一部分。

---

① ［美］马士：《东印度公司对华贸易编年史》，广州，广东人民出版社，2016 年版，第 2 卷，第 473 页。

　　然而，中国市场出现的两个问题常常使得西方国家的期望受挫。一方面，中国有能力向世界市场提供所需的商品，但不太愿意接受欧洲的产品，市场流向大多是单向的，从而导致了中国方面的顺差。另一方面，中国市场具有鲜明的中国特色，外贸受政府的直接限制，这在欧洲人看来不仅限制了他们，也不符合他们的规范。这两个问题成为市场贸易中各种冲突产生的基本原因。

　　18 世纪末，当英国派遣特使前往中国时，中国对英国贸易的出超已经引起了极大的焦虑。他们认识到，如果不能在中国北方找到销售英国毛织品的市场，将无法解决因进口大量中国茶叶而导致的白银外流问题。而且这也不利于英国内部已经兴起的工业革命发展。这种事关他们经济存亡的行为已经超出了贸易的范畴，他们开始从市场平衡发展的角度思考如何解决贸易逆差的问题。然而，他们并没有真正理解，中国市场没有接纳英国毛织品的主要原因不在于中国南北气候差异，而是因为中国人的生活方式和习惯不适应毛织品。

　　在 18 世纪，以英国人为代表的欧洲商人不仅在对华贸易方面面临诸多问题，同时乾隆皇帝领导的中国政府对待外商的手段也令中国有识之士倍感担忧。那个时候，中国皇帝表现出一种"没有我，你们活不好；没有你们，我同样过得很好"的自信态度。这种"皇帝女儿不愁嫁"的自负在某种程度上也引发了不少问题。虽然中国商人试图与欧洲人进行贸易互动，实现互利，但这一事实被 80 岁高龄的君主所忽略，他对于中国的特产只有进入世界市场才能更具价值，更有利于中国的发展的观点置之不理。拒绝与英国人合作，拒绝融入世界市场，体现了中国王权对外部的极端抵制，也标志着中国政府放弃了发展的机遇，从而步入衰落的轨道。①

────────────

① 英国方面给卡思卡特的训令、给马戛尔尼的训令，英王乔治三世致中国皇帝的信，乾隆给英王的答复，皆见《东印度公司对华贸易编年史》第 2 卷第 49 章的"附录"。乾隆的谕复共两件，第一件原文可见《掌故丛编》第三辑，《英使马戛尔尼来聘案》；第二件见王先谦《东华录》《乾隆朝》卷一百一十八和《粤海关志》卷二十三。

在西方人中，政府与商人的利益要求也有所不同，但这种不同仅仅表现在获取利益的方式，以及分配利润构成存在的差别上，积极向外扩张并追求经济利益始终是一致的目标。当面对中国政府强硬限制贸易和官僚过度勒索时，他们在共同利益的驱使下以不同的谋利方式对付中国。

18 世纪中，商人使用白银交易，政府则通过贺礼来获取利益；而到了 19 世纪，商人（尤其是散商）或公开，或秘密地通过走私向中国倾销鸦片，政府则动用武力来保护商人。最终，他们甚至派遣将军和炮舰向中国推销鸦片。在西方人身上，也可以运用中国官员总结的海洋经济发展规律：通则商，禁则盗。经济利益使然。

二、海洋争夺强者竞胜

近代市场竞争激烈，甚至带有浓烈的血腥味。葡萄牙人时常在浙闽沿海进行掠夺，西班牙多次对吕宋华人华商进行大规模屠杀，荷兰人在夺取澎湖时对中国商民进行杀戮，西方各国在中国沿海限制中国商人的贸易，不时抢劫中国的海上商船。对此，中国政府、商人以及一些海上集团也采取了相应的措施来对抗西方人的行为。这一切都明确地揭示了中西海洋经济利益竞争的残酷性质。

荷兰人于 1604 年和 1607 年两次试图在广东同中国贸易，结果两次都被占有澳门地利和尚存一丝元气的葡萄牙人所破坏。这才有 1622 年荷兰人攻打澳门之战。眼红葡萄牙人得到澳门这块对华乃至对整个远东贸易都大有意义的荷兰人仍以失败告终，于是他们在中国"奸商"的引导下，向澎湖乃至向台湾进发。荷兰人占领台湾并开展同中国、日本和其他国家的贸易近 40 年，直到被郑成功赶走。此后，它虽然以帮助康熙攻打台湾郑氏之劳受到清廷的优惠，但毕竟是在走下坡路了。由此，英国人开始加入在中国海的角逐。

英国人先是在印度做买卖，到 17 世纪后期替代荷兰人而进入与中国贸易的范围。18 世纪伊始，合并而成的东印度公司不仅实力雄厚，而且似乎比前面的欧洲人更会同中国商人做生意，更舍得在出现问题时用银子去贿赂直接管理对外贸易的中国官员，并接受中国式的海关管理方式，中英贸易在这样的摩擦、冲突中得到发展，英国人成为世界市场中对华贸易的第一大老板，而且领此衔两百年无衰微。直到它用鸦片来填塞入超大洞，以畸形贸易导致市场变成战场。英国人似乎是西方人中表现最突出的，这不仅是因为他们在中国沿海往来的时间最长，贸易额最大，而且还因为他们一方面多次表现出对中国贸易制度的不满，并因此同中国的地方政府和中央朝廷多次交涉；另一方面，他们以两手方式——官方垄断的东印度公司和散商，同中国官方与商人打交道，并以此与其他西方国家进行竞争。在官方接触中，无论是外交使团，还是伦敦董事会，无论是请求居留地，还是禁止鸦片，都相当绅士风度；然而散商则完全相反，英国对华鸦片贸易几乎全由作为东印度公司左右手的散商完成，并通过他们之间的汇票转账而实现对他们有利的贸易平衡，解决英国对华贸易由于入超而引起的通货枯竭问题。无论是董事会告诫它的广州部下，还是英国的散商们的做法，都可以说明英国人用两手战术实现了他们的竞争战略。

美国人来得较晚，直到 1784 年，一艘名为"中国皇后号"的商船进入广州港，并实现后来者居上。"由于美国商人与海员所固有的冒险性、美国商人在西方国家中不受特权垄断组织限制，以及在此期间美国人在西方国家中所处的唯一中立地位，美国贸易实现飞跃发展，很快地就在广州商业界中占到了第二位。"[①]

此可谓"三十年河东，三十年河西"。近代世界市场与中世纪世界市场

[①]　［美］马士：《中华帝国对外关系史》，北京，三联书店，1958 年版，第 1 卷，第 65 页。

的最大不同就在于此，与现代世界市场的最大不同也在于：世界海洋经济在由中世纪区域分割的平稳性向现代的全球共同发展性转型过渡期间具有动荡多变和不安定性。当时的海洋经济行为的本质特征就是冒险，当冒险与近代世界市场的竞争叠加，就演绎出了这么一种历史事实和经济规律：不择手段，谁抓住了时机，谁就登上了船主兼舵手的地位，谁就可以获得独占市场利润的最佳优势，从而获得资本积累的最大效益。

无论是竞争经济利益，还是抢占中国的市场优势，西方人或和平或平等或冒险或不择手段的行为给中国东南市场带来了动力，也带来了对传统王权的威胁。此二者都不妨看作是一种挑战，是近代向古代的挑战，世界向中国的挑战，海洋向内陆的挑战。挑战是严峻的，但挑战又是一个社会发展必需的外部条件，因为在这种挑战中，包含了压力与动力，利益与机遇。

第三节　近代世界贸易对中国东南市场的影响

由 16 世纪世界经济发展形势可看出，世界市场的发展主要由西欧各国利益所驱动。前期的葡萄牙、西班牙以掠夺和交换并用的方式，在他们的舰船所到之处开辟并占领市场，得到了香料、白银、丝绸、瓷器等他们所渴求的商品和财宝。后来居上的荷、英等国更多的是带着自己的工业品进入世界市场，并在后来的发展中利用殖民地的产品做转手生意，以牟取更多利益。他们这种贸易方式在中国遭到挫折，西欧的商品，除少量精巧钟表之类的东西得到了少数官绅富商的青睐外，大量的纺织品在中国一直打不开市场，这就迫使他们不得不用白银来同中国商人做交易。美洲银矿的开采给欧洲市场带来的直接影响是西欧的"价格革命"、通货膨胀、物价上涨。中国国内市场在明中叶到清中叶的三四百年中，物价曾有过波动，但不曾有过"价格革命"。由外贸出超引起的银元涌入，对地大物博、人口众多的中国及其市场的冲击不大，只是东南地区受到一定的影响。因此，东西方市场的物价差额是相当大的，有时大到中国商人获得数倍于国内市场的利润之后，外国商人仍然认为便宜，值得投资。物价的差额在商人的账上就是利润，白花花的银元付清成本就是利润的实现。当时大量的白银从美洲大陆运到菲律宾，而伊比利亚半岛的通货膨胀使得本来就物美价廉的中国商品更有利可图。在中国商人看来，只要西洋夷商舍得花银子，就可与他们交易。今天，许多经济史学家勾勒出的明清时期中国对外贸易出超情况，不仅说明中国商品在世界市场上具有极大吸引力，同时也表明世界市场对东南亚市场产生的强大吸引力，即市场拉力。

对于中国商人来说，这种拉力具体体现在同一商品的内外差价上。我们先以"英国对东印度贸易公司"（以下简称"英国公司"）对华贸易的情况进行分析。

在中国的出口货物中，签约和成交数最多的是丝和丝织品；后来由于英国国会法令禁止几种丝和丝织品在英伦零售或穿着，[①]丝和丝织品贸易曾略有下降，而英国人对中国的茶叶越来越感兴趣。虽然不能说中国茶叶改变了英国人的生活方式，但至少可以说改变了英国人的饮食习惯。茶叶贸易上升得很快，还有糖、瓷器、铜、白铜、水银等。在"英国公司"大多数商船的货单上，茶叶、丝和丝织品常常放在首位。茶叶种类很多，在 1701 年至 1736 年，茶叶每担价格如下：工夫茶 38 两或 23.1 两，武夷岩茶 27 两或 17.15 两或 14.8 两，白毫 38 两或 35.3 两或 24.4 两，松萝 19 两或 6.15 两或 22.1 两，瓜片 24.5 两，色种 49.4 两，最贵的是贡熙细茶 54.9 两。而道光初年的茶叶国内市场价每斤在 48 文至 200 文之间。[②]当时的银钱比率是 1 两=1300 文左右，国内每担茶叶约合 3 两至 15 两。

丝织品名目众多，而且由于产地、原料不同，幅之宽窄、匹之长短、质之轻重不同，加工技术水平高低有别，其价格也就不同。1728 年，广州丝织品幅宽 2.0 尺或 2.2 尺，匹长 38 尺或 45 尺不等，每匹外销价为 3.4 两至 8 两。"英国公司"1701 年至 1736 年货单上的价格平均为 3.02 两至 6.19 两。而国内市场价，清代"从顺治到道光年间，除潞绸价在康熙时一度为每匹 5 两外，其余绢、绫、绸、缎等各种丝织品，无一例外的都是每匹一两二钱至二两五钱而止，山东曲阜孔府购置的潞绸在康熙中年之价也是每匹一两二钱"，因此，清代顺康年间的丝绸制品一般在每尺 50 文至 100 文之间，每匹银一两二

---

① ［美］马士：《东印度公司对华贸易编年史》，区宗华译，广州，广东人民出版社，2016 年版，第 1 卷，第 124 页。

② 黄冕堂：《清史治要》，济南：齐鲁书社，1990 年版，第 441 页。

三钱至二两之间，当时1匹的长度一般为3丈。[①]以此来计算"英国公司"当时从广州买到的丝织品，至少是国内市场价的150%～200%，甚至更高。生丝的种类比较简单，明末清初时，国内市场"湖丝百斤，价值百两"[②]。康熙后期，李煦所奏报的苏州、扬州丝价，最常见的是纬丝每斤六钱多，单经丝七钱多，线经丝八钱多。可见市场价一般不超过九钱。而"英国公司"的进货价常在140两至155两一担。

实际上，外商已经注意到了这种内外的差价。即使在广州，英商"自行进入城内，询问店铺的货物价钱，我们发觉店铺货物价格比他们向我们索讨的价钱便宜得多"[③]。

中国市场参与世界市场后，由内外差价构成的高利润对商人的诱惑力极大，首先被吸引的是占有地利的东南商人。"茶叶是由安徽、江西及湖南等省运来的。"[④]"董事部又命令购买南京手工织制品，特别指定幅宽一英码的南京棉布。"[⑤]"我们与米森诺会同和德少、秀官及保商启官平分订约，购入最好的南京生丝400担，每担175两银，缴清各项费用，一百天内船上交货。该商人等在广州没有这样大批的生丝存货，一定要到外地搜购，逼得我们预付80%的货款给他们，这是我们能够劝诱他们索取的最低数额。"[⑥]以广州为交易市场，一百天内交货，这应是从广州到江浙来回所需的时日。明清时期，除海禁时期的特别规定和广州一口贸易时期对西欧商船的特别规定外，来华的外国商船不仅可以在广州贸易，也可以沿海岸线北上厦门、舟山（定海）

---

① 《清史治要》，第435页。

② 顾炎武：《天下郡国利病书》，第26册，《福建》。

③ [美]马士：《东印度公司对华贸易编年史》，区宗华译，广州，广东人民出版社，2016年版，第1卷，第88页。

④ 同上，第156页。

⑤ 同上，第223页。所谓的"南京棉布"应是指当时苏松地区生产的棉布织品，南京和苏州都有棉布市场。

⑥ 同上，第290页。

等地开展商贸活动。有的外船在广州订到货后，还必须往舟山、宁波口岸去装货。可见东南市场接受世界市场拉力的形式多种多样。

由于种种原因，中外商人借依广州、厦门、宁波等港口在中国政府官员监督下进行的贸易是有限的，当海禁令下，公开、正常的贸易更难进行。广州一口贸易实质上是有限贸易。加上港口管理外贸的官吏对中外商人成千上万的银元更具贪婪之心，总是千方百计地向商人勒索，官商、皇商欺行霸市现象也很严重，公开的市场交易常常一波三折甚至夭折。但是，市场中的交易双方都不愿放弃贸易带来的高利润，东南市场与世界市场之间的互动不仅存在，而且随着各自的需求发展而发展。于是避开政府法令和管理，甚至违反政府法律的非公开贸易，即走私贸易盛行起来。

第二章　中国贸易市场面临的挑战

国内贸易市场，无论是初级的墟集市场还是高一级的城市市场、区域市场，在明清时期都得到了进一步地扩大与发展。更具区域范围突破意义的全国性市场、因交通便利而日渐成熟的长途贩运贸易以及商品经济的发展，均在明中叶完成。[①]在全国性市场及其网络中，多元的社会经济结构导致了地区发展的不平衡。[②]由京杭大运河—长江下游—赣江—北江构成的南北交通干线与沿海海运航线互相联系的东南地区，包括山东、南直隶（江苏、安徽）、浙江、江西、福建、广东的市场发育较为成熟，网络较为密集，是中国国内市场的重心。而其他地区则相对落后，尤其是中西部地区。同时我们又必须看到，明中叶开始东南市场的优先成熟乃至它后来的发展变迁，不仅是区域商品经济发展的结果。从16世纪开始，西方经济扩张力量已经多次叩响了中国市场的大门，发生巨变的世界市场海外货币资本对东南市场产生了很大的兴趣。在这样一种既不平衡又不平均的经济发展中，或者说正是在这种既不平衡又不平均的经济

[①] 关于国内市场等级的界定和明中叶始全国性大市场的形成，见吴承明先生的《中国资本主义与国内市场》一书中有关论述，第17—256页。

[②] 关于多元社会经济结构的理论，主要参见傅衣凌先生的论著，其代表作为《中国传统社会多元的结构》，厦门：《中国社会经济史研究》。1988（3）。

发展中，日益成熟和壮大的东南商人队伍及其资本已再不满足于国内市场由于发展不平衡而出现的不充分的流通能力，不少商人携带资本在不同的贸易区域想方设法直接或间接地与夷商番船接触，从事海外贸易，参与世界市场活动，使国内外市场形成了一种以互利为动机的扩（推）拉形式的互动力。这种互动力产生的互利结果，成了东南市场进一步成熟发展的营养剂。这是明清时期商业发展有别于前代的一个显著特征，它拉开了近代中外贸易的序幕。

第一节　中国对外贸易的扩张

中国近代贸易市场上出现的最大交易量产品为粮、布、盐。这正是晚清时期手工业品物美价廉、城市消费趋于奢靡的一个重要原因。由于国内市场的消费能力有限，生产过量的手工业商品如布和丝织品、极具潜力的经济作物如棉、丝、茶产生了找寻新消费市场的欲望，而相对国内市场而言的新市场只有国外，即世界市场。世界市场有对中国商品的渴求，何况外国商人已经用大船载着银元来做生意了。

彼时中国的对外贸易市场主要为东南市场，其对外扩张力可以从两个方面去看：

一是不充分的国内市场与东南地区商品生产较发达间的矛盾，这种矛盾促使趋利的商人，包括沿海地区的许多因为经济或社会原因失去生存与发展条件的个体，不得不寻求外部市场。他们试图通过海外经商来谋求这种发展机遇。东南诸省，大多临海，自古有涉海贸易的传统，至明清，已形成乍浦、宁波、福州、泉州、月港、厦门、广州等外贸港口，东南市场作为外贸腹地，正可以借此外销商品。但货利之谋与王权之稳之间的平衡是不得不考虑的新问题。

二是发展起来的东南市场对海外各国产生的极大吸引力。东南市场的商品价格内外有别，外销比内售明显高出许多，虽然也有劣质货物，但总体上是价廉物美，外商也能够接受，即使再加上船钞税银、官吏勒索及其他费用，欧洲商人也愿意来中国投资贸易，因为回去后仍有大赚头。仅以丝织品论，中国的要价是西方市场上同类商品的三分之一或四分之一。[①]从 16 世纪末开始，由中国商人运到菲律宾的商品，特别是丝和丝织品，被西班牙商人收购下来运往美洲市场出售，又因价格比较便宜受到各阶层消费者的欢迎，一直占领着市场，西班牙商人因此获得高额利润，即使冲击了他们自己国内的丝织业，也仍然违反规定用船超载运往美洲。

利润就是吸引力，中国东南市场上的商品贩运到西方市场获得的利润使一批批的西方商人不惧风浪海盗之险，拼死而来，满载而归。

明代中叶开始，中国国内社会和经济的发展使全国性国内市场得以形成，但又由于这种发展因地区不同而出现的多元状态，导致国内市场出现发展不平衡的问题。比较发达的东南数省，人口占全国的50%以上却占有80%以上的商品市场和更大比率的商品流通额以及更多的商业资本。因此，对东南商人及其商品和资本来说，虽然国内市场是主要市场，但仍然具有向海外寻找市场的欲望和扩张力。也就是说，发达的国内统一市场并不能说明没有更发达的区域市场；购买力小的广大农村市场必然会促使发达区域市场中的商人及其商品在海外市场寻找具有更大购买力的买主并由此争取高利润。16 世纪开始，随着地理大发现，西欧殖民者与商人带着洋枪与银币，也带着欧洲市场对世界各地市场的迫切需求和他们政府对他们的支持、保护，冲向世界的各个角落，原有的洲际间、区域性的世界市场格局被环球贸易的世界市场新趋势所突破。新的世界市场打乱了中国与四邻国家、地区传统的朝贡贸易，中断了中国与阿拉伯人间的洲际贸易，让中国商民日渐认识到它巨大的利润吸引力。于是原本就具有寻找新市场欲望和扩张力的东南商人及其商品与世界市场这股拉力产生了互动作用。这种互动作用从客观上讲对中国和世界都是必然的，是各自发展的契机。但是明中叶至清中叶中国历朝政府大

① [意] 利玛窦、[比]金尼阁著：《利玛窦中国札记》，何高海等译，北京，中华书局，2010 年版，第 13 页。

18

多采取消极的海防政策甚至海禁手段对待海洋社会经济，抵制已经到来的发展契机，限制东南商民以各种方式从事海外贸易、参与世界市场。在这种情况下，合法的外贸活动是少数，更多的是不合法甚至违法的走私贸易。这些贸易在当时的内陆和海上交通运输条件支持下，对内借助已形成的市场网络，对外则借助传统的朝贡贸易关系，在中国的东南地区和东亚、东南亚形成了特征不同的内、中、外三层贸易带，构建了事实上存在并影响中国东南区域经济发展的中外贸易网络。

第二节　近代商人的互动经营方式

近代商人参与世界近代市场互动的经营方式是多种多样的。

一、海商经营方式

出海经商的第一物质条件是船只，制造海船需要的资金比制造内河船只要大得多，除少数聚商大贾可独资建造外，大多数商人既不可能独造船只，也没有必要独造。海商与内陆商人在利用京广水道时，大多是合资租船经营。其实，合资租船与造（买）船都是海商出洋经商的主要办法。这种合作行为又直接决定了他们出海经营的方式。

海上商人经营方式在中国近代的发展主要有如下几种：

其一，大多商人采用共船出海经营方式，合资租（雇）船、造船、买船；造船、买船者常在海外把船卖掉，既可获利，也可应付国内的禁海政策。

其二，商人与船主的关系，有兼而为之者，也有分而为之者，分而为之的商人与船主两者间处于雇佣关系。

其三，商人向生产者赊进商品，外销后再归还赊欠。

其四，海商投资者有自己亲自经营的，也有不亲自经营而交由他人委托代理经营的。

其五，有的商人自己只完成经营中的长途贩运部分，而交易则采取托付经营。

其六，存在雇佣劳动。

采用上述经营方式的商人在国内与国外贸易带上的运作又是十分灵活的，不论是在各贸易带之间作环状运作，还是改变原定目的地转向新目标，都是灵活运作的表现。对于商人来说，要有利可图，就必须赶市场。东南商人赶市场的运作既给外层贸易带各国各地的当地人和西方商人送去他们需要的中国商品，也与西方商人形成竞争之势，使传统的贸易出现浓厚的近代世界市场竞争关系色彩。

二、广州行商的垄断方式

广州行商是在政府特别批准下合法、直接地参与世界市场活动的商人，他们垄断了广州对西方各国的全部贸易。广州行商在获得政府给予的垄断贸易特权之前，就一直在寻找一种可以获得垄断对外贸易地位的办法，1720 年公行的成立就是这一行为的表现，他们企图依靠联盟的方式来改变广州市场的混乱局面，以实现自己对市场利润有效占有。

工行把个人与集体、商行与朝廷、中国与外国、垄断与平等、专权与互利、本地与外省、先来与后到、巨贾与小贩、利润与道德等都关照到了，这在当时似乎不失为较为妥帖的商规行约。但这不过是为了谋求在竞争中实现垄断的非竞争手段，这后面有行商们更大的企图，他们在和官府合作，"新公行背后实力是海关监督和提督"，不平等的市场立即在海关监督的布告中展现出来。非公行商人，即所谓的铺户、散商们受到了由政府和海关庇护的行商们的排挤，只有行商们才能获得广州对外贸易的特权。"行商是官府正式承认的唯一机构，从行外中国商户中买进的货物如不通过某些行商就无法运出。因此通过行商可采办的货物，必须由行商抽收一笔手续费，然后用行商的名义报关。""一切货物都是鬼子船载来，听凭行家报税，发卖三江两湖及各省客商，是粤中绝大的生意。"当时所有非公行商人对此不满，并请求英国东印度公司帮助推翻公行。东印度公司对此也不满，虽然他们自己也是英国官办垄断公司。"公行"在后来的岁月里有过几次周折，但是，广州对西方贸易中的行商专利还是顽固地延续了下去。在广州成为对西方贸易的唯一港口后，行商的特权又得到了进一步的加强，这种情况一直持续了将近130年，直到鸦片战争爆发并签订了《南京条约》才被废除。因为官吏的私人利益和政府的公家利益都需要公行，所以它具有官府认定的存在必要。但是，这并不意味着竞争就不存在了，它只是改变了方式。行商不需要去同其他店铺散商竞争，更大可不必去理会小商小贩，于是他们就是把竞争的心思放到如何处理种种关系上来：外国商人与中国官员、官府的关系，英商总是要求他们推销自己的产品应如何推搪的关系，外商税率的高低和贿赂多少的关系，各种纠纷与平息纠纷的关系，自己的地位是否稳定与自己贿赂和摊派多少的关系，借外债与拖欠难还的关系等。实际上，广州行商由于他们所特有的垄断地位和与官员政府以及外商之间的三角关系而使自己陷入了并不自由的境地，他们顺理成章地定位于此，他们的行为特征已不是中外海洋经济互动中普通的商人的特征，而是海洋经济中由政府垄断的那一部分互动里的特殊人物的特征：垄断经济人、巨额利润获得者、外商与中国政府之间的联络人、地方势力、官员勒索和政府摊派的首选对象、生活极其奢侈的商人、自古以来中国最大的债务人、破产者、因商业活动欠外债而流放的罪犯等。

三、其他普通商人的经营

指的是其他奔波于商途或坐贾于商埠以求商利的普通商人，诸如所谓的"散商""铺户"的经营行为。在开禁通商之时，他们大多规矩经营，以长途贩运和较好的商品质量或较低的价格与外商贸易，争取市场，就像叶权、利玛窦所见。一旦禁令布下，他们中的一些人便开始背着官府以走私形式与外商交易。明清两代，官员描写走私贸易者"趋之若鹜"，这个"鹜"字形容的便是普通商人和临时也来谋利的平民。

　　普通商人中的一部分从事海上贸易的经营方式，另一部分从事内层—中层贸易带的贸易时，其经营方式呈现出多样性和任意性特征，这是由于他们的构成成分复杂多变所致。常年在外经商和固定店铺坐贾的专业商人只是其中的一部分。有很多"商人"并非就是我们所认定概念中的商人，有利用农闲跑一两趟买卖的农民，有利用经商外出游玩的富户，有见机可投、有利可捞甚至浑水摸鱼的闲人，有为主子经营或送货结账的伙计或仆佣；其资本有厚有薄，或借贷或合股；趋利动机有大有小，有急有缓。悠久的商业传统、发展迅速的商品经济及较为便利的商途交通使得东南地区的普通民众参与商业活动并不是件难事。什么成分的人都可以参与商业，意味着商人有可能是任何一种身份的人。于是在参与近代世界市场的互动中，商人的经营方式也就出现了五花八门的情况。

第三节　中国对外经贸政策的变化

在 1840 年鸦片战争失败后，西方国家占领了中国土地，并获得了许多政治和经济方面的特权。"万国报馆，议论沸腾，咸以瓜分中国为言"。在这一严峻的事实面前，许多学者开始反省中国自洋务运动后所走过的道路。与日本等国家的成功经历进行对比，他们发现中国几十年来"徒学西艺之皮毛"，却没有学习到它的"富强之根基"。中国要实现富裕和强大，最根本的方法就是发展资本主义工商业。要发展资本主义工商业，就需要进行体制改革。一群资产阶级改革者力图通过变革来改变封建独裁统治和发展资本主义经济。他们的观点代表了当时的主流思想，受到了光绪帝的大力拥护。1898 年，光绪皇帝下诏："振兴商务，为目前切要之图"，他采纳了康有为和梁启超的主张，推行改革。为了促进经济的发展，清朝推行了一系列政策和措施。但是，戊戌变法受到了清朝内部保守党的压制。接着，在北方掀起了大规模的反对帝国主义的义和团运动。1900 年，八国联军侵略北京，迫使清朝和其他国家签订《辛丑条约》。这份协议要求中国对 11 个西方列强进行赔偿，导致清朝陷入前所未有的财务困难，封建政权陷入危机，保守派的力量被大大削弱。为保持自己的统治地位，清朝的统治者们必须主动地寻找"补救"的途径，进行一系列的变革。自 1901 年起，清政府在其统治基础上推行了"新政"。

1903 年，清政府发布诏书称："通商惠工，为古今经国之要政。自积习相沿，视工商为末务，国计民生日益贫弱，未始不因此乎，此亟应变通尽利，加意讲求。"就是说要改变重农轻商的传统思想，推行"通商惠工"，大力发展工商业。主宰中国数千年的"轻商"观念最终被打破。"通商惠工"和"振兴商务"成为中国政府主推的国家政策，中国的经济总体战略也从"轻商"和"抑商"转变到了"通商惠工"。晚清"新政"期间颁布的与贸易相关的政策包括：

一、鼓励发展工业，与外资企业竞争

由于外商在通商口岸开办的资本主义企业发展迅速，加上进口商品的竞争能力日益增强，中国的有识之士逐渐意识到建立近代企业的重要意义，并积极地提出了兴办实业的方针主张。19 世纪 70 年代，改革派的薛福成就提出了一个提议："官为设法提倡，广招股商，设立公司，优免税厘，俾资鼓励"。在 1840 年前，陈炽曾说过："公司一事，乃富国强兵之实际，亦长驾远驭之宏规也。"接着，他又建议，要大力发展私营企业，把中国的零散资金集中在一起，从而让中国变得更富裕，与其他国家抗衡。而成立公司后，要用机械化大工业取代传统的人工加工，这样可以减少中国产品的生产费用，改善产品品质和提高中国商品在世界上的竞争能力。他着重指出，中国的劳工价格低廉，使用西方机械制造产品会在价格上有较大的优势，这是中国商业繁荣的根本。19 世纪 70 年代，有些洋务官员也曾提过类似的意见，比如张之洞在筹备湖北织布局时，曾上奏：西方诸国"纺纱、染纱、轧花、提花，悉用机器，一夫可抵百夫之力，工省价廉"，这使得洋纱和洋布在中国很受欢迎，中国农民的"耕织交病，民生日蹙"，所以中国应该建立机械代替人力的织布局。

《马关条约》签订后，许多外国商人在中国设立工厂，许多官员都要求清政府设立工厂以求自救。"我们不能阻止外国人的生产和销售，唯一的办法就是建立自己的工厂。"1896 年，清政府颁布法令，各省都要在省城建立商务部,由各地方的商会共同选出一些身家丰厚、名声显赫的商贾来担任局董,"将该省物产行情,宗其损益,逐细讲求。其与洋商关涉者,丝、茶为大宗,近则织布、纺纱、制糖、造纸、自来火、洋胰子诸业,考其利病,何者可以敌洋商,何者可以广销路。如能实有见地,确有把握,准其径禀督抚,为之提倡"。第二年,清政府颁布了"官助商本"的法令,由当地政府入股,为商人提供资金支持。后来又颁布《振兴工艺给奖章程十二条》条例,把世职、官衔、专利、匾额等奖励给设立工厂的实业家。1898年,为了方便筹措资金,盛宣怀在上海成立了中国商业银行,是当时一家官商合资经营的中国通商银行。

二、积极主动利用外资

1895 年 12 月,清政府下达命令:"铁路为通商惠工要务,朝廷定议,必欲举行。"关于铁路融资问题,很多官员都认为中国官员和中国商人的力量是很小的,他们只能通过外国公司入股或者借外债。因此,"借债筑路",积极地吸引外资,运用外资,使其充分发挥作用,成为当时最重要的经济方针。

1840 年鸦片战争结束后,虽然人们认识到了引进外资的各种弊端,但是由于本国资本的不足,技术匮乏,引进外国资金已是必然趋势。比如刘坤一,他以前并不赞成洋务运动,现在他知道,"铁路必归商办,方为妥善""非借款外洋,焉能创此非常之举"。他在《请设铁路公司借款开办折》一书中说:"似可变通办法,兼招中外股资,股本既有洋人,局章自照西法,风声一树,莫不乐从。盖有洋股在中,而华商方无顾虑;亦有华股参集,而洋商无可把持。"这种理解较为客观,而且在统治团体中也很有代表意义,但是出于政治的需要,统治者不愿意大规模地使用外资,也不想让外国公司拥有更多的股份，所以他们提倡的是政府拨款和募集筹款。1896年4月，皇帝重申："提款官办，万不能行。唯有商人承办、官为督率，以冀速成……不得有洋商人股为要。"但是，由于当时中国的经济技术还很落后，修建一条昂贵的铁路线是不现实的，像上海和广东这样的富庶地方，也没有多少人响应。结果证明，无论是政府拨款还是民间募集筹款，都不可能修建这条铁路，只能通过借用外债。湖广总督张之洞、直隶总督王文韶和即将出任铁路总公司督办的盛宣怀，都表示要借钱修路。张之洞并不提倡在铁路上引入外股，但是他提议借用外债。他与王文韶联系，表示建议修建卢汉铁路时说，"洋股必不可恃，华股必不能足""铁路未成之先，华商断无数千万之巨股，唯有暂借洋债造路，陆续招股分还洋债之一策，集事较易，流弊较少。盖洋债与洋股迥不相同，路归洋股，则路权倒持于彼；款归借债，则路权仍属于我……款由官借，路由官造，使铁路之利全归于官，策之上也。"并建议设立一家铁路招商公司，由津海关道盛宣怀出任铁路招商公司经理。盛宣怀出任铁路招商公司经理以后，曾在"拟办铁路说帖"上，大胆地提出"借外债，事半功倍"的主张，建议先募股700万两，暂借官股300万两，然后借洋款2000万两。盛宣怀的"说帖"由总理衙门呈递给光绪皇帝。清朝皇帝身为最高统治者，眼看国库资金捉襟见肘，再也无力支持修建，最终妥协，答应借用外债，并诏令张之洞等负责铁路公司、借用外债等事项，由盛宣怀主持，"务策万全"。由此，政府制定了"借债筑路"的国家方针政策。

在1840年之前，中国引进的外资以借贷为主，即"可以自己支配"。其实，那时已经有少数中外合资的公司存在，但大多是小型的私营公司，没有合法地位。1840年后，《马关条约》使外资进入中国，外商独资企业迅速崛起，国内出现了实业救国的热潮。

借债筑路虽然可以缓解部分资本不足的问题，但却很难解决与铁路修建有关的先进技术。清政府在分析1840年鸦片战争失败原因时指出，交通不便是主要因素，于是清政府决定加快建设铁路，更快调动军队和物资的同时，也能有效促进工业发展。但修建铁路是需要开采矿石的，中国的采矿行业既缺乏资本也没有先进技术，所以只能中外合资经营。1898 年，《矿务铁路公共章程》首次公开批准了中外合办铁矿公司的创办，规定"示洋股之限制，保华商之利权"。根据章程，设立铁路分为官办、官商合办、商办三种方式，其中以商办为主；筹募资金主要以华股为主，各股东均需筹得十分之三的股份，才可筹措外款，华商如能集得独立资本 10 万两以上承办路矿，或华股达到半数，办有成效，给予优奖。第二年，清政府认识到，如果华三洋七，财产权就有被剥夺的危险，故明文规定，凡华洋公司，如果不能各居其半，一律不得经营。其后，清政府曾数次修改有关铁路业引进外资的法令，对外国股的管制或宽或严，但总算是将外国直接投资的方法规定为法律。因此，中国在引进外资上，一方面是借外国债务，另一方面是吸引外国入股，使投资形式趋向多元化。

湖广总督张之洞是当时引进外资的一个典型，他对外资对中国经济产生的影响有着深刻认识，他说："洋厂所在，其一切物料必取之中国，工匠必取之中国，转移闲民必资之中国。彼洋商所得者商本盈余之利，而其本中之利留存中国者仍复不少。是华商之利虽去其半，而中国农工畋渔之利仍得其全。华民既沾其利，又晓其工，则华商购机制造之厂必不能绝。"由此可见，张之洞对外资的利用推动了中国原料产品的制造和出口，增加了财政收入，有助于先进技术和管理方法的学习。该时期的中国是被外国势力所支配的半殖民地国家，这种理论在实际应用上当然会受到很大的影响，但是这也表明当时人们还是从积极角度来看外资对中国的影响的。为了避免外资独霸铁矿业，张之洞又提议，要在公司内控制外资的比例，如："与西人合本开采，本息按股匀分……西股只可十之三四，不得过半。"到了 1911 年的时候，中国已有 100 多个以采矿为主的外资公司。当时，清政府借了三十六亿两的外债，其中三亿三千万两用于铁路建设，使得中国的铁路线由零开始、由小到大地发展起来。

三、自开商埠，主动开放

在此之前，一些人通过观察通商口岸区域的经济发展，意识到了口岸城市的开放对国家经济发展的重大作用，于是他们提出了扩大对外开放和发展外贸的建议。正像李鸿章在中英两国的《烟台条约》中所说的那样："西洋各国到处准人寄居贸易，而仍日益强盛，可知其病不在添口而在不能自强。"有些学者认为，建立自己的通商口岸，可以有效地抵抗外国势力的入侵，也就是"通商御侮"，这样就可以保护本国商人，使国家富裕起来。因此，近代中国开始建立自己的商业口岸，以发展外贸。正如19世纪80年代陈炽在《大兴商埠说》中所说的："反轮舟铁路电报所通之地及中国土产矿金工艺所萃之区，一律由官提款，国买民田，自辟市埠。"另外，王韬也建议与外国企业进行竞争，利用外贸活动赚取利润，提高国家经济。他在《代上广州冯太守书》中提到："古之为商仅遍于国中，今之为商必跃乎境外，何则？他国之贩运于我国者踵趾相接也""诚能通商于泰西各国，自握其利权，丝茶我载以往，棉布我载以来，至于中国内地，当以小轮船为之转输济运，如是则可收西商之利，而复为我所有，而中国日见其富矣。"王韬主张发展实业，认为这样可以让"工匠娴于技艺者得以自食其力，游手好闲之徒得有所归，商富即国富。"也就是说，发展实业，可以让一个民族走向繁荣。严复对亚当·斯密《国富论》颇有涉猎，他很欣赏斯密的自由贸易学说，他在《原富》中加了一句评论："夫保商之力，昔有过于英国者乎？有外输之奖，有挈还之税，有海运之条例，凡此皆为抵制设也。而足之不以是而加富""自斯密氏书出，英人首驰海禁，号日无遮通商（亦名自由商法）……自此以还，民初各任自然，地产大出，百倍于前，国用日侈富矣"。但这种观念仅局限在极个别人身上，尚未在当时的社会中普遍传播。与此同时，封闭固执的保守势力也是相当强势，因此，他们积极的外贸思想并没有被转变成实际的政策。

1840年后，西方列强疯狂在中国占据租界，划分属于自己的势力范围。中国失去了更多主权利益。但中国也从日本的全面开放经历中获益良多。在当时，有一种仿效日本、开放商业口岸、收复失地的思想。维新运动的领导人康有为在《请广译日本书派游学折》中写道："窃顷东事大败，割台湾，赔巨万，举国痛之。臣以为此非日本之胜我也，乃吾闭关之自败，而人才之不足用也……日本昔亦闭关也，而早变法，早派游学，以学西欧之政治工艺文学知识，早译其书，而善其治，是以今日之强而胜我也。吾今自救之图，岂有异术哉。"驻外的一些大使也提出了类似的观点，比如派往俄国的大使杨度就指出：今之中国，实乃昔之日本，故"东邻之成例可援"。派往日本的大使伍廷芳强烈要求学习日本的全面对外开放。满族大臣端方意识到，如今中国再也不能闭关锁国了："方今之世，不独门户洞辟，即堂奥腹地亦无不流通，贸易日盛月新，居交通之时代，而为闭塞抵制之谋，诚非策矣。"

为了避免政治上的危机，尽量保持自己的领土完整，又想要通过开设通商口岸来提高关口税收，减轻经济上的负担，1898年，清政府颁布了"广开商埠"的诏书："欧洲通例，凡通商口岸，各国均不得侵占，现当海禁洞开，强邻环伺，欲图商务流通，隐杜觊觎，唯有广开口岸一法……著沿江沿边各将军督抚迅速就各省地方悉心筹度，如有形势扼要商贾辐凑之区，可以推广口岸拓展商埠者，即行咨商总理衙门办理。惟须详定节目，不准划作租界，以均利益以保事权。"就是说，开设通商口岸，其主要目标是"以夷制夷"。清朝统治者认为在通商口岸开放贸易，可以让诸国混居，彼此制约，中国可以"不以军事防御，而以商业防守"。另外，开设自己的商埠，能有效地吸引和利用外国资金，通过引进先进技术来发展工业。张之洞等人上奏的折子里，曾数次提及"凡矿务、工商诸利，若不找外国人开辟，中国资本、人才断难兴办"。

1898 年，按照清朝皇帝的旨意，中国在湖南岳州（今岳阳）、福建三都澳等地，开设了自己的商埠。这些商埠的开通，不但使当地贸易繁荣、工业发展，也使清政府拥有了这些地区的大部分行政权。1903 年，由于通商口岸在这些地区的成功开放，清政府又一次强调了"广开商埠"的方针："应由各省督抚详细勘察，如有形势扼要，商贾荟萃，可以自开口岸之处，随即奏明办理。"

自那以后，广西南宁、湖北武昌江岸等多个商埠相继开通。到清朝末年，中国已有 19 个自己开通的通商口岸。

清政府还颁布了《济南自开商埠章程》等法规，对外国商人在山东经商可享有的优惠政策进行了明确规定，对其活动领域和产业范围也进行了具体划分。中国自开通口岸，加快了对外开放的步伐，推动了各个口岸城市的外贸发展。例如，济南口岸开放后，大批外资涌入，纷纷收购山东和河北地区棉花，刺激了棉花业的发展。此外，商务局还引入和宣传美国良种棉，使得棉的产量有了较大的增长，交易量也相应增加，济南不久就成了中国最大的棉区。在南宁对外开放以后，许多外国银行也陆续在此成立了分行，比如英商的亚细亚石油公司、英国轮船公司、天和银行等。广东、江西、福建等地的商贾也聚集在南宁，把各地的特产通过南宁出口到香港和越南。短短几年内，南宁已发展成为华南地区的主要农产品贸易港，1907 年至 1911 年，其进出口总值从 1,544,600 关两增至 4,700,517 关两，五年内增长了两倍。由于国内外商贸往来，我国大多数商埠都已逐步融入近代商品体系。湖南岳州和长沙的口岸开放以后，湖南与国际贸易的关系密切，洋纱、洋布、洋纸、书籍和机器等涌入湖南，湖南的煤炭、铁、铜、棉花、木材和茶等，"输出与长江流域及海外各国者，当有七八百万石"。岳州外贸总额的增加尤其显著，

1900 年的贸易量为 143,827 两，而到 1905 年增长了 492,928 两。昆明在开放之前，因其"地处极边，外来商贾，本属无多"。随着口岸的开通，外国的商人蜂拥而至，1907 年，昆明地区的商行总数达到 59 家，其中百户以上的大型行会所开的店铺就有 6127 家。

济南的经济发展，使市内和周边城市的商业和工业得到了发展，在济南开放后，国家出资修建了道路，开井泉、植树、建立市场和相关的行政机关。1905 年电灯泡在城市普及。基础设施的逐渐完备大大提高了我国的投资环境，大量的外国公司成立，推动了近现代工业和商业的发展。在开放之前，济南只有一家官办的山东机器局，而开放口岸后，增设约 40 家近代企业。昆明在开放之前，也只有两家国有的近代企业，随着商埠的开通，五年内增加 20 家企业。在武昌开埠之前，曾有四个洋商企业，1900 开港以后，增加了 18 个近代企业。福建三都澳，在对外开放之前，是一个十来户人家的小村庄，1898 年开港后，环境发生了翻天覆地的变化，几年内兴建海关办公楼、海关宿舍、银行和 20 余家店铺，1902 年正式成立了邮局，1905 年铺设了电缆，打通了与福州的电讯交通，创办了新式学校，当时的人纷纷议论"这个新拓口岸像凤凰一样从海上出现了"。

与被迫开放口岸的地理位置和经济基础相比，自开商埠都要落后许多，故其对中国经济发展作用有限，但大部分的口岸都会随着经济的发展而变成连通沿海口岸和内陆市场的桥梁。在开放之后，其近代化程度的提高，使得其在区域经济的发展中起到了一定的促进作用。

四、鼓励发展出口贸易

晚清政府为促进商业发展采取了一系列措施：第一，设立新型商业管理机构；第二，制订和发布相关商业政策，对外贸企业进行管理和激励。

五、保护华侨政策的进一步完善

从洋务运动引进侨资开始，清朝政府就由对海外华人的仇视打击转变成了保护华侨。在1840年鸦片战争结束以后，由于实行了振兴商业的方针，海外华人回国兴办企业具有了更重大的现实意义。1903年，清朝颁布了一道诏书："沿海各省为流寓华商回籍时，设法保护。"第二年，口岸起草的《商务议员章程》中明言：出洋华商回国，各省商务议员要予以"切实保护""倘有关津丁役、地方胥吏及乡里莠民藉端讹索，即予按律严惩，决不宽贷"。为贯彻这一方针，清政府还在闽粤等地建立了保商机构，专司归国侨民事务。1905年，南洋籍华人张振勋出任外埠商务大臣，并监督闽广地区的矿路业等，吸引海外华人回国。这一举措不仅使大量海外华人回国，也促进了我国外贸的发展。

这些关于发展近代工商业的法律、法规内容还不完善，实践中遇到了各种阻碍，对近代经济发展的影响很小，而且许多限制发展的政策和措施仍然存在。但是，由于我国的工商业发展政策总体已经转向了正面的激励，对工商业和外贸的重视程度已经达到了空前高度，这不仅促进了人们思想观念的改变，也为以后的进一步发展打下了坚实的基础。

第四节　中国对外贸易的发展状况

1840 年后，中国对外开放程度得到了极大提升，一批近代经济体制的建立和健全为我国对外贸易的发展提供了重要的理论基础。中国铁路业的发展使得我国的交通条件得到了明显的改变，打通了沿海地区到内陆地区市场的道路。运输能力的大大增长使得很多以前无法交易的货物成为了可能，中国可出口的商品品种大幅增加，对中国以低附加值、零散农产品出口为主的外贸产生了积极影响。大陆上出产的货物，通过新建的铁路，可以进入通商口岸，然后销往国外。例如，1903 年的中东铁路，也就是南满线的开通，使得东北大豆大量地向外输出。根据《上海总商会月报》，1906 年京汉线开通前，每年通过汉口的芝麻的出口量都不到 30 万担。1908 年，当铁路通车时，每年出口 164 万担的芝麻，1909 年增加到 192 万担。此外，河南的商品也大量向汉口运输，年均增长率达到 100%；1907 年沪宁线开通后，上海对外贸易的发展迅速。京张高铁开通后，天津可收到来自山西的大量亚麻产品。同时，把进口商品运到内陆也更方便了。

一、贸易额增长加速，逆差日趋严重

1840 年前，中国对外贸易总额为 2.23 亿美元，战后快速增加，到 1901 年时增长为 3.15 亿美元，1911 年增至 5.52 亿美元，与 1894 年相比，增加了 3.28 亿美元，18 年内增加了 1.48 倍。而在 1877 年至 1894 年间，进出口贸易总额仅增加了 7%。

在甲午中日战争结束后，中国外贸的扩张不仅因为中国经济的迅速发展，更重要的原因是西方列强对中国的经济控制。

中国是一个拥有大量自然资源和廉价劳动力的大国，在农业和矿业上有相对优势。1894年海关贸易报告指出："中国是一个生产羊毛的大国，但中国的资源还没有被完全地利用，长江北部和蒙古的毛皮产量相当于澳洲殖民地的产量，如果白银的价格不变，中国就可以轻而易举地战胜所有金本位国家。"但中国外贸的主权已被剥夺，无法实现"奖出"和"限入"。相比之下，协定关税制度在本质上是鼓励进口、限制出口。因此，中国的出口并未比进口发展速度更快，反而在其发展过程中，由于逆差越来越多，中国的国际收支状况也越来越糟糕。

前面已经提到，自19世纪70年代以来，中国外贸已经从顺差转变成了逆差，但是在1840年前，这种逆差额并不是很大，年平均逆差大体在2000万～3000万海关两，到1894年占外贸总额的比例为11.7%。在此期间，中国主要依赖海外侨胞的汇款和金银的出口来填补经常性项目的国际收支逆差。1840年后，尤其是20世纪以来，中国外贸形势日益严峻，外贸赤字不断扩大。

所谓贸易条件又称贸易比价或交换比价，是一种国家在外贸中出口商品与其进口商品间的交换比例。其计算方法为进出口价格指数，也就是出口商品价格指数与进口商品价格指数的比率。进出口货物互换比例受以下几个方面的影响：物价的波动、出口价格和进口价格指数变动的方向和大小，交换比价是衡量一个国家外贸经济状况的综合指标，大于1表示贸易状况对经济是有益的，低于1说明国家的贸易状况是较差的。不等价交换是一方将价格提到商品价值以上，或将另一方商品价格压到价值以下，或两者同时进行。但是由于商品的价值很难直接进行对比，它只能由价格来表示。所以，通常就是通过买卖双方价格的相对变化来看他是否存在不等价交换。

从进出口价格指数来看，1871—1873 年的进出口价格指数是 100，1901—1903 分别上升到 446.2 和 282.7，1909—1911 年分别达到 662.3 和 518.2。可以看出，在这段时间内，进出口价格指数都呈上涨态势，但是进口物价指数增长速度明显高于出口物价指数，从而使中国外贸逆差更加严重。1901—1911 年间，中国贸易逆差在 0.79 亿海关两至 2.19 亿海关两之间。中国外贸的逆差（也就是外贸不平衡度）急剧增加，1902 和 1905 分别为 19.1%和 32.5%。1903—1913 年度的赤字是 1895—1899 年的近 20 倍。

同时，随着清朝对华侨的态度发生了改变，作为劳动力输出收益的华侨向国内汇来大额款项。有些海外华侨则纷纷回到国内进行投资。根据 1903 年的海关统计，厦门在东南亚地区的海外华人汇回国内超过 1000 万美金，携带回国的现金也有 600 万美元，汕头、琼州和北海等地的海外华人也有几百万美金汇款。海外侨胞的汇款和回国投资填补了一部分外贸逆差。大部分的逆差转变为了外国企业在中国的资本，他们通过利用中国的低廉劳工和原料，压榨出大量利润余额，并对中国的弱小工商业造成了巨大的冲击。

二、适应资本主义列强需要的进出口商品结构

1840 年后，中国内陆腹省被西方资本进一步入侵，外国商品和外商在华企业生产的商品由于价格低廉、质量优越，迅速淘汰了中国本地土货，而与之有关的中国传统手工产业受到了严重冲击。中国的自然经济正在加快瓦解，而西方产品的市场也在不断扩大。

三、对外贸易地理方向的变动

前面已经提到，1840 年前，中国外贸的主要对象是英国，到 1894 年，英

帝国（英国和它的殖民地）占中国外贸总量的 69.5%左右。19 世纪后期，美、德等新型工业化国家的发展速度超过英国，日本也在经历了明治维新后步入了工业时代，列强实力的变化使得英国在中国的垄断地位动摇。尤其是日本和美国在中国政治势力的日益壮大，使英国独占中国市场的局面被打破。为了抢占中国的市场和在中国掠夺更大的权益，各国与英国进行了一场激烈的竞争，使得英国在中国外贸中的位置不断下滑，日、美在华的地位也随之升高。

第三章　中国古代牙商的行业发展

　　在中国古代，牙商作为商业领域中的重要角色，扮演着连接各地经济与文化的桥梁。他们不仅在商业活动中起到了关键作用，还在社会结构和文化传承中留下了深远的影响。牙商以其独特的商业智慧和广泛的人脉网络，开创了一个个繁荣兴盛的行业。随着时代的变迁，他们不断演绎着商业发展的篇章，涉足诸多领域，从粮食到丝绸，从木材到糖业，构筑了一个个商业版图。

第一节　牙商称谓的流变

在民国时代，"牙商"家喻户晓。但这一用词对于现代人来说已是十分陌生，就连某些研究民族历史的学者对此也并不熟知。古时候进行货物交易，由于人们缺乏足够的认知，见识有限，不能正确估量对方出售的农产品和手工制品的真正价值，在谈判价格时，双方往往都不肯让步，导致谈判破裂。因此，在商品流通中，为了解货物的功能与价格，提升货物交易的成功率，便有了专门介绍生意、促成交易的牙商。

一开始，牙商的叫法有很多，在各个时期都有不同的名称。历代牙商的史籍称谓，学者们大多已进行了梳理，但有关其发展的原因却很少有人探讨。名称的改变可反映出在不同历史阶段中，牙商所扮演的角色和参与的活动范围是不一样的，这也表明了牙商"从出现之日起就随着历史的发展而发生变化，迎合时代的需要"[①]。由于年代久远，牙商的称谓比较复杂，为了更好地理解，笔者根据现有文献对其进行简单的整理。

第一，牙商的名称很多，但多用"侩""驵""牙"几个字。第二，早期的牙商是用"驵"来称呼的，以"侩"作为买卖中介的语言习俗从秦汉延续至明清，还出现了像牙侩、市侩、女侩、侩子、侩保、商侩、茶侩、马侩等称呼。第三，自唐朝以来，"牙"已成了中介人常用的名称。关于为何将"居间者"称为"牙"，至今尚无统一的结论，仅有以下三种说法。一是民间流传牙商是最早在家畜业出现的，他们可以通过家畜的"牙口"来辨别家

[①] 阴春英：《宋代牙人相关问题研究》，南京大学硕士学位论文，2012年，第4页。

畜的年龄，而牙商为了完成交易，往往都是伶牙俐齿之人。[①]二是日本的稻叶君山氏和中国的金国宝等学者提出，"牙"与"衙"同音，"牙"在唐朝有特别的意义，专指官方，"牙"则是源于"牙旗"。驵侩在本质上是归政府管理的，也就是"衙门"，所以有了"牙"的称谓，继而延伸出"牙郎""牙侩""牙保"之类的称呼。三是宋代学者认为，唐人通常写"互"字为"牙"，因为写"互"像写"天"，逐渐转化为形似字"牙"，即"牙"是"互"的误用。在唐朝，牙商被称为"互"，"互"是"来"的书写方式演变而来的，也类似于"牙"，后世人们在抄写的时候就演化成了"牙"。因此，自唐朝以来，"互"字就变成了"牙"字，故"牙"为其称谓。

在笔者看来，第三种观点较为真实，即"牙"是"互"的误用。《旧唐书·安禄山传》中说："安禄山及长，解六蕃语，为互市牙郎。"[②]《资治通鉴》（卷二一四，开元二十四年）中也提到安禄山和史思明都是"互市牙郎"。[③]胡三省的评语是："牙郎，驵侩也。南北物价定于其口，而后相与贸易。"[④]古时候，各国之间的交易叫作互市，互市的中间人叫作"互市牙郎"，后来发展成了"牙郎"，安禄山、史思明就属于唐代的中间人，称之为"牙商"。

① 孙莎莎：《宋代牙人制度研究》，山东大学硕士学位论文，2012年，第8页。
② （后晋）刘昫等撰：《旧唐书》卷200，上，《安禄山传》。
③ 孙莎莎：《宋代牙人制度研究》，山东大学硕士学位论文，2012年，第7页。
④ 阴春英：《宋代牙人相关问题研究》，南京大学硕士学位论文，2012年，第5页。

第二节 牙商职能的演变

在买卖时，利用牙商是中国传统的民俗习惯。春秋战国时期的家畜买卖中就出现了牙商。《吕氏春秋》记载："段干木，晋国之大驵也，学于子夏。"驵为驵会，即后世之牙侩。《史记集解》，徐广曰，"驵会之驵，即'马侩'也。"古代，农业、交通、对外战事等领域，都需要牛、马作为工具。与抱布贸丝、沽酒称盐等交易相比，家畜贸易是一种大规模贸易。作为中间人的牙商，则具有从"形容筋骨"中判定家畜年龄、性情、健康的能力，再根据专业知识和从商经历，给出一个让买卖双方都能满意的价钱。这表明，一方面，由于牙商早期进入的是畜牧行业，而非从事其他的商品贸易，因此具有一定的经济理由和客观的必然。另一方面，在家畜交易中，牙商最初的作用仅仅局限在"促成牲畜交易的经济职能"[①]，也就是在家畜交易和价格评估上进行斡旋。从秦汉到南北朝，牙商的职能已从家畜产业转变到各行各业，但是，因为货物的流通比较滞后，其主要职能依然是促进买卖。在此期间，政府对牙商的活动并不干预，牙商的经营方式多以诚信、公道为主，被买卖双方认可，才能持续获取盈利。

唐宋两代，由于社会的分工日益精细，牙商出现在了各类货物买卖中，辐射领域也随之扩大，除了之前的贸易周旋、评估定价之外，还拥有了新的功能。政府也逐步参与到牙商的经营之中，因此，牙商逐步为官方所用，进行商业控制。《旧唐书·食货志》中首次给"牙商"授予了监督权，这对日后

[①] 张彦台：《蜕变与重生：民国华北牙商的历史演进》，山西人民出版社、山西经济出版社，2013年，第18页。

"牙商"功能的转变产生了重要作用。学者孙莎莎指出，唐朝之后，官府借助牙商了解当时的市场变化，有效防止了商人逃税，保障了官府的税收，强化了官府的统治。李达三指出，宋朝的牙商在接受官府管制后，功能出现了变化，丧失了中间商的功能，其异化的结果就是拥有了"官""吏""商"多重角色。黄东海认为，官府控制牙商的行径，起源于唐德宗推行的一套增加经济收入的政策，政策中规定，"市主人、牙子、各给印纸，人有买卖，随自署记，翌日合算之"，让牙商来帮助官府收集市场资料，以便征税。此举标志着政府将牙商正式纳入国家商业管理中。

在明清两代，"官牙制度"在全国范围内正式形成，当时官方将牙商纳入了经营管理之中，因此，牙商的"差役"也就成了一种常态。黄东海指出，牙商执业逐渐变得正规合理。幸荣伟认为，官牙包括"明代政府设立的官店、皇店、会同馆、市舶司等商业机构"。[①]在官府的经营活动下，牙商在调解交易和定价方面的职能逐步减弱，而是日益成为官府进行行政管理的重要帮手。林红状指出，清朝中叶，重庆的牙商除了起到买卖、流通的中介作用及市场的管理作用，还承担着官府工作任务，满足官府的日常工作需要。燕红忠、李凤等人指出，清朝的牙商除了传递信息、评估物价、统一度量衡、开展商业活动之外，还有代征包缴税款，维持治安，维持市场秩序，管制铁器、铜铅、硝磺等走私贩运物品的政治职能。宋朝以来，尤其是在明清两代，牙商除了能够推动贸易往来、调节市场经济之外，还担负着管理市场、协助征收商税、承担差役、维护市场治安和商贸的职责。因此，牙商不再只是一个纯粹的商贾，而是由商、官、吏组成的一个群体。

[①] 幸荣伟：《论明清政府对牙行的管理（1368—1840）》，辽宁师范大学硕士学位论文，2014年，第6页。

第三节　牙商社会形象的变化

根据现有的文献记载，唐朝之前，官府并没有参与到牙商的经营之中，也没有对其经营进行管理与规范，牙商的业务活动只局限在家畜产业。后来，牙商凭借其自身力量调解交易、评估价格，并以自主、公正的交易受到各方尊敬。前文提及的"段干木"是晋国人，晋国人皇甫谧称他为上等人，《高士传》中也有记录，还有一本典籍说，段干木虽然住在穷乡僻壤，却赫赫有名，"店陋巷，声逾千里"[1]。自秦汉到南北朝，牙商逐步从事其他生意，但是他们的经营范围很小。受当时封建主义观念的影响，在一般人的眼里，因为"驵""侩"在买卖间穿行，甚至比"商"都要卑鄙，所以才有了"自秦汉以来，驵侩为贱业，乃士君子之所不为也"[2]的看法。尽管那时的人们都把牙商作为卑劣的职业，"士君子"也不以此为荣，但是，牙商"一手托两家"的生意却得到了社会的认同。后汉时期，牙商更加精通市场行情，"君公遭乱独不去，侩牛自隐"[3]，这位"逸民"对牛的行情了如指掌，对牛的交易也是"口无二价"。

从唐宋时期开始，官府就对牙商进行了管制。一方面，由于商品经济的发展，产业的分工日趋精细，在唐宋两代，从事牙商的人员不断增加，其业务也逐步扩大到各类市场，成为当时经济的主要组成部分，尤其是牙商将活动逐渐延伸到农村和居民当中后，庄宅牙商和牙婆就应运而生了。另一方面，

---

① 李恩琪：《古代牙人初探》，《价格月刊》1987 年第 10 期，第 30 页。
② （后晋）刘昫等撰：《旧唐书》，卷 48，《食货志》上，第 2102 页。
③ 《后汉书》，卷 83，《逸民列传》，第 73 页。

官府要求牙商参与管理，不断扩大牙商的权利，赋予他们更多职能，造成牙商渐渐呈现出猖獗的一面：贪婪欺骗、操纵交易、垄断市场、诱拐人口等，这些令人反感的恶劣行径传到了官府的耳朵里，引起了官府的重视。后唐为方便管理，对牙商的业务进行了严格的管制，仅限于"产业、人口、牲畜"等大型贸易，而不能从事其他产业，也就是"不得辄置"。宋朝时期，对牙商的监管与规制更加强化，《庆元条法事类》中记录了四条关于牙商的规定。

第一，禁止年迈、残疾、无力偿还债务的人充当庄宅牙商，以免发生冲突时无人承担责任。

户婚敕
诸老疾应赎人充庄宅牙商者，私牙商同。杖一百，许人告，仍仁佰里编管。
赏格·诸色人
告获老疾应赎人充庄宅牙商者，私牙商同。钱一百贯。[①]

第二，沿江各县各镇卖鳔胶的商人，只能把商品卖给官府。如果商人不遵守规定，把鳔胶售卖给他人，那么中间商——牙商也要进行刑罚，不过刑罚的程度比贩卖的商人轻一些。

沿江县镇买卖鳔胶牙商，止许卖与本处使用，若发客过江到淮上北获，其知情牙商减犯人一等科罪试行。[②]

第三，明知道是为了宰杀才购买的牛，仍然卖出并已宰杀的，贩卖的商人和协助其贩卖的牙商都将受到杖打一百的惩罚。

① 谢深甫：《庆云条法事类》，卷74，《刑狱门·老疾犯罪篇》，第773—774页。
② 谢深甫：《庆云条法事类》，卷29，《榷禁门·兴贩军须篇》，第434页。

诸知欲杀牛之情而卖，若作牙为买致已杀者，各杖一百。①

第四，军人的妻子及妾室，不可任意再娶，不可与他人私通或作娼妇。另外，如果有人与上述人结婚，并与之私通，那么他的罪行就不会因为大赦天下而减轻。

诸兵级妻擅去因而改嫁，雇身犯奸为倡，若娶及与奸并媒保、引领牙商，知情者，各不以赦降原减。②

从以上四条有关"牙"的规定可以看出，宋朝的"治牙"与唐朝时期类似，都把焦点聚集在庄宅、人口、牲畜上，只是相比之下，唐朝的内容更加详细，不过关于牙商能够涉及的物品、活动却没有相应的标准。宋朝时期牙商的职能发生了变化，有些研究学者认为当时牙商丧失了原本的媒介作用，妨碍了商品的流动，尤其是因为商人们肆意妄为，致使宋人对牙商抱有一种歧视态度，因此宋朝牙商的形象变得十分丑陋，把他们看作是官府"统治市场的帮凶，是寄宿在封建主义的遗毒"③，甚至还有"车船店脚牙，无罪也该杀"之句，把牙商归入"该杀"人群，可见宋人对牙商的轻蔑，对牙商的印象极差。黄子瑞指出，由于宋朝人对牙商的看法和牙商的社会印象不佳，牙商根本不存在发声辩解的机会。事实上，宋朝所作的记录，记录人都是士大夫。后世之人在重审牙商形象时，要充分考量其时代环境、学术背景、书写风格等诸多方面的因素，而最重要的是，无论过

① 谢深甫：《庆云条法事类》，卷79，《畜产门·杀畜产篇》，第889—890页。
② 谢深甫：《庆云条法事类》，卷80，《杂门·诸色犯奸篇》，第919—921页。
③ 李达三：《宋代牙人的变异》，《中国经济史研究》1991年第4期，第114—120页。

去怎样记载，记载的内容已成为我们后世理解宋朝诸家对牙商印象的唯一渠道。李伟国认为，宋朝的"市侩"形象是多元化的，尽管优点很少，但不管形象如何，牙商的出现是不可避免的，牙商在当时社会的作用也显而易见。[①]

明朝官府加大了对牙商的监管力度，实行"官给牙帖"（牙上的经营证明），颁布了一些规范牙商职业操守的法律。1397 年发布的《大明律》中注明，凡在城镇和乡村经营的牙商或设立的牙行，都要挑选有家族背景的人担任。牙商向官府索取盖有印章的"文簿"，在市面上交易时，必须注明买卖人或船主的姓名、籍贯、住址等，由当地官方签发"路引"号码、买卖货物的数目和品种，且每月都要交给官府审核。对擅自假冒的商人，"杖六十"，并没收交易所得的提成。若牙商有任何隐瞒，则收缴官府给牙商下发的经商凭证，并处以"笞五十"的处罚。

清朝时，又进一步完善了牙商制度，把牙商划分为"上、中、下"三个级别，按级别从"户部"领取"牙帖"，然后按照"牙帖"的级别向官府缴纳"牙帖税"。牙商一人领一张，按照五年一审的惯例，每五年对牙商进行一次彻底的检查，并且要换一批新的牙帖，不得冒领。清朝实行各省"定额牙帖"制度，按照比例，普通商人在集市上贩卖商品，都要委托牙商，由牙商寻找客源。

清朝时，户部对牙商的承充数量有严格的限定，因此，各地的牙帖额度、数量在一定程度上没有较大的起伏。然而，这个配额体系与不同地域的经济发展并不相符。在历史发展过程中，虽然牙帖税收并非国库税收的一项主要税收，但牙商的经济收入却成为地方官吏贪污受贿的主要来源，各地官员都私自给牙商发放谕帖和腰牌。

1733 年，中央命令各个省布政使司衙门制定各地牙帖数量，州、县不得

[①] 李伟国：《宋代经济生活中的市侩》，《历史研究》1992 年第 2 期，第 124 页。

具备滥发牙帖的权力。清政府规定，各省份的牙帖，均由藩司衙门签发，不允许州、县发放。但是，各省、州、县还是私自增加了牙帖。以前集市中并没有开设牙行，现在很多州、县私自发放牙帖，导致一些市井小贩伪装成奸商牙商，操控着市场交易，从中赚取提成。集市上的牙行越多，商户就越辛苦。如此一来，收到额外税收的并不是藩司衙门，藩司衙门也就不能平衡价格，不能为商人提供便利。各省总督下令，按照规定的额度确定牙帖，上报朝廷，不许州、县随意增加。从此以后，在定额牙帖中一旦有退回顶帖者，必定要查清缘由换发新的，再开设新的集市需要设立牙行时，要按一定数量发放牙帖并报请户部备案。

1734 年，清朝政府颁布了州、县私发牙帖的惩罚："各省牙帖，悉由藩司钤盖印信颁发，不许州、县滥给滋弊。倘各省州、县仍有私行滥给牙帖者，该督抚题参，照地方官妄用印信例，降一级调用。"[①]尽管清政府明令禁止州、县严乱发牙帖，并规定各州、县私自乱发牙帖将降职调走，然而还是有一些州、县官员一再违反法令，不惜被贬，继续发放牙帖。刘铮云以为，究其原因，是清朝的牙商担负着官吏的职责，但中央并不承认这种做法正确，所以，在上谕、会典、律例等相关条文里，都不会出现"牙行"一词，但对于州、县政府来说，牙商是维持正常经营的关键力量，尤其是在雍正实行"耗羡归公"后，州、县习惯于私给牙帖以扩大官府对经济资源的掌控。

中央的定额牙帖制和地方政府私给牙帖的行为，使得某些不法牙商利用与官员的微妙联系取得牙帖，并熟练操控，出现欺诈商户、垄断市场、弄虚作假等流氓行径，不但严重制约了我国的牙商行业发展，也使牙商在社会上的形象更为丑陋。

---

① 《钦定大清会典事例》（光绪刊本），卷 106，《处分例》29，《清查牙行》。

第四章　近代贸易中牙商的经营活动

自民国后，牙商买卖货物的范围越来越广。货物交易有外省商贩集中售卖的茶叶、丝绸，运输到城市进行销售的大宗布匹等，还有一些农民和手工艺人在集镇上叫卖的粮食、牲畜等，比如大米、面条、糖茶、水果、桃子、花生、铜、铁、鸡鸭、鱼虾、羊、猪、草药，甚至是货物的装卸和运输，都需要牙商在中间运作。

第一节 牙商经营的业务种类

一、牙商在全国经营的业务种类

由于中国幅员辽阔，不同地区的出产不尽相同。1933 年，南京国民政府工商部门对各地牙商的业务范围进行了一次全面的考察。南京政府认为，由于当时情况紧急，资料不足，所以 1933 年的考察并没有囊括全部的牙行、牙商，不过从中也可以"略知一二"。根据工商部门的统计，在东南及西南区域的牙商类别比较多，分别为 94 种和 77 种；中部区域的牙商类别不多，有42 种；而在西北、东北区域，牙商类别更加稀少，分别为 23 种和 17 种。从此次考察来判断，牙商的经营范围几乎覆盖了市场流通的各个领域。不仅包括食物、木材、布匹等生活必需品，还有一些全国各地特产，如茶叶、棉花、山货、生鲜等，甚至有部分外国商品出现，如洋线等。

二、牙商在各省经营的业务种类

20 世纪 30 年代，江西省政府公布的牙商营业种类大约有 167 种，包括：油、棉花、红白纸、晒纸、纸、花笺纸、花、药材、木梓油、抚糖、醒油、砂糖、白糖、瓷、著布、毛边纸、花绒、夏布、苎布、国纸、木、糖、杉木、竹木、猪、牛、麻、粮食、豆麦杂粮、烟叶、养猪、苎麻、谷、乳猪、过傤、烟包、牛皮、山货、杂货、板木、靛、枋木、树木、肥猪、铜铁、粳米、锡、木板、枋板木、小猪、黄麻、米谷、米、烟、陆尘、船、铁、猪只、猪麻、树、铜板木、茧丝、杂木、蚕丝、丝茧、木梓、树枋、腌腊、杂粮、生姜、煤炭、葵扇、香末、土果、饱、甘蔗、炭、枯饼、鱼、黄芽白菜、家禽、春肥、瓜子、柴炭、石膏、灰、鲜鱼、柴、干鱼、芝麻、豆、麦子、花生、烧灰石、干粉、土笋、姜黄、菰、菜籽、纸篓、扁毛、鹅子、草纸、岸牙、扇、鹅、银鱼、干笋、粉、砖瓦、皮骨、白竹、车、棉布、西瓜、薯粉、马、薯、木耳、鲜蛋、莲子、鲈鱼、花布、大蒜、淮山、白土、藕、麸、杀猪、萝卜、盐萝卜条、权柴、窑柴、硬柴、萝卜丝、箬皮、笋、手车、宰羊、灯草、土车、表芯纸、粗纸、码枯、油菜籽、竹、生豆、水果、蛋、香菇、瓦、楉、布、水鱼、石灰、鸭、鸡、茅竹、金柑子、鱼子、宰猪、姜、大布、木炭、土姜、青竹。[①]

1931年，安徽省牙商经营种类主要有51种，包括：盐、米、禾、粮食（亦名陆尘）、茧有灶、香菇、油、茶、竹、布、丝、麻、纸、糖、棉花、药材、烟叶、扫把、明矾、板木、茧无灶、斗、牛、猪、鱼、蛋、皮、毛、菜、饼、靛、船、石、竹竿、水果、冻绿、蹄角、木香、鸡鸭、骨头、粉丝、香粉、雕窑、毡帽、煤炭、砖瓦（附石灰）、柴炭（亦名柴草）、车桥（亦名机运）、芦席（亦名苇席）、小箩米行。[②]

1941年4月，牙商经营种类（只准经营一种，不得经营两种业务）如下：粮食类（稻米、杂粮、豆、菜籽）；竹木类（竹木、板竹、簟、芦苇）；牲畜家禽类（牛、羊、猪、鸡、鸭、鹅）；水产类（鱼虾、蟹、海味）；蔬果类（水果、花生、蔬果、香菇）；皮角类（皮毛、蹄角、骨头）；丝茧类（有灶无灶之茧及一切丝类）；药材类（一切药材）；瓷窑类（瓷器、窑器）；

---

① 《修正江西征收牙行登陆营业税章程暨种类等则表》，《江西省政府公报》，1935年第384期，第6—7页。

② 中国国民党中央政治学校，南京图书馆：《二十世纪三十年代国情调查报告》（214册），凤凰出版社影印本，2012年，第752—758页。

砖瓦类（砖瓦、石灰、石片）；燃料类（柴炭、煤炭、草）；杂货类（蛋、明矾、粉丝、扫把、酒）；烟叶类（一切烟叶）；茶麻类（茶叶、麻及麻类织品）；棉布类（棉花布匹）；铜铁类（生铜铁及铁器）；颜料类（靛、冻绿及染房染料）；纸糖类（纸张、糖类、糖果、糖饼）；榨油类（榨油、油饼）；运输类（车、轿船、筏）。①

1939 年，甘肃省公布的牙商经营种类主要有 21 种，包括：布业、洋广杂货业、米粮业、药材业、牲畜业、海菜业、纸业、糖业、木料业、烟业、棉花业、油盐业、铁货业、煤炭业、麻业、山货业、脚店业、车店业、驼店业、皮筏业、鲜干果业。②

根据《中国实业志》记载，1933 年，浙江省牙商主要经营的种类有 11 类，共 5338 种：山货行（943 家）、茶叶行（432 家）、米行（909 家）、桑叶行（409 家）、牲畜行（687 家）、纸货行（96 家）、木竹行（622 家）、油行（92 家）、粮食行（553 家）、过塘行（20 家）、咸货及鲜鱼行（575 家）③。

湖南省牙商经营的业务种类按照经营货物的性质，可分为五大类：第一，为经营植物及其产品者，包括棉花、粮食、茶叶、木竹、米谷、药材、木材、豆行、土货、水果、莲子、柴炭等。第二，为经营动物及其产品者，包括猪、羊、牛、鸡、鸭、鱼、蛋、皮货、蜡虫等。第三，为经营矿物及其产品者，包括盐、煤、铁、石灰等。第四，为经营工艺及其制造品者，包括土布、油、纸张、丝茧、爆竹、夏布、油饼、纱布等。第五为经营杂货者，包括船行等。④

---

① 《安徽省牙行营业税征收章程、修正安徽省质量质业章程及该省营业税法令汇编》，中国第二历史档案馆藏，1940.6—1941.10，档案号：四—38928。
② 《修正甘肃省当帖当税、牙帖牙税、磨税等章程》，中国第二历史档案馆藏，1939 年 8 月，档案号：四—38929。
③ 浙江省工商行政管理局、浙江省工商行政管理协会：《浙江省工商行政管理志》，浙江人民出版社，2004 年版，第 54 页。
④ 朱羲农，朱保训：《湖南实业志 2》，湖南人民出版社，2008 年版，第 1237 页。

江苏省牙商经营的业务种类主要有 119 种，包括：丝绸绒绉行、茧行、丝行、棉布行、苏货行、广货行、洋货行、京货行、药材行、水烟行、茶叶行、锡箔行、皮货行、玉器行、鲜猪行、苏镇木行、米行、稻行、杂粮食行、夏布行、豆行、南货行、北货行、纸行、花布行、子花行、估衣行、苏镇板行、乡镇木行、末香行、颜料行、糖行、红花行、腌腊行、油行、酒行、牛行、羊行、小猪行、骡子行、鸡鸭行、蛋行、枣行、京冬菜行、桦果行、明矾行、蜡行、瓷器行、烟叶行、树行、野味行、鱼虾行、水果行、花生行、瓜行、麦藕行、虾米行、钉铁行、废铜锡行、炭行、饼行、船行、过傤行、砖瓦行、石灰行、牛皮行、毛骨胶行、麻袋行、干面行、斛斗行、棉子行、漆行、榆皮行、竹货行、石行、草货行、桑叶行、柳条行、毡帽行、水晶行、窑货行、柴行、金针菜行、丝吐头行、鸡豆行、靛行、估产行、菜蔬行、笋行、萝卜行、山芋行、瓜子行、瓜苗行、桑秧行、草子行、蒲鞋行、芦席行、蓑衣行、石膏行、糟行、矾行、碱行、砖灰行、瓦灰行、薄荷行、花卉行、螺蛳行、蜜蜂行、烛心行、绳行、柴草行、修船行、粪行、木器行、炒米行、洋油箱行、草行[①]。

1934 年，湖北省牙商经营的业务种类主要有 45 种，包括：蛋行、鱼行、柴行、菜行、瓜菜、粮食、杂粮、牛骨、石灰行、牛行、牛皮行、鸭行、鸡鸭、山货、板炭行、棉花行、炭行、药材行、茯苓、油行、棉籽、纸行、烧纸、木猪行、丝行、丝茧、砖瓦行、杂货行、南碗行、灰行、猪行、石膏行、土果行、水果、杂货、西货、茶行、丝油、烟叶、猪行、色布、白布、麻黄、船行、药油[②]。

① 中国国民党中央政治学校，南京图书馆：《二十世纪三十年代国情调查报告》（55 册），凤凰出版社，2012 年版，第 59—65 页。
② 湖北省政府：《牙当税及行栈交易所》，湖北省档案馆藏：档案号：739—3。

三、牙商在城市中的经营业务种类

民国时期，一些大城市牙商亦是行业齐全，种类繁多。1917—1920 年，山东省济南牙商经营的行业种类有 19 种：绸布行（12 家：瑞福祥、瑞林祥、同祥永、茂升永、隆祥、当恒、义和祥、广诚、同盛泰、成合、通盛、咸恒吉）、棉花行（12 家：玉成、恒升、恒盛泰、恒祥、庆泰合、广济、振兴、信裕祥、瑞兴益、同盛、恒裕公、德源祥）、杂货行（5 家：泰丰、复兴、敬成、裕成、福升）、茶叶行（5 家：春和祥、德景隆、合兴、祥记、春生祥）、南纸行（2 家：有连堂、松鹤齐）、京华行（3 家：广信、裕聚、裕记）、洋货行（3 家：增祥、裕昌、公祥和）、药行（5 家：全盛、广德、永兴、泰兴、德和、通济）、酒行（3 家：远香齐、仙源居、元和）、油行（3 家：万成、福源、大顺）、铁器行（3 家：永盛、亨泰裕、震兴）、丝行（3 家：永乐、德聚、恒聚泰）、山果行（2 家：福兴、恒盛）、炭行（14 家：德祥、德兴、春和、东茂、恒兴、文泰、义和恒、益盛水、德和、丰源、公盛、长发、恒聚昌、恒丰）、皮货行（2 家：长盛成、谦验益）、烟行（3 家：西仲三元、洪三元、长兴元）、粮食行（33 家：悦泰、公和套、广源祥、同聚和、益增裕、福和昌、复兴昌、恒顺公、义德、恒升和、兴顺福、恒聚成、义成、合盛、公兴永、广升恒、泰源祥、立诚、天祥永、元昌、泰华、益兴昌、万利源、会济、利源增、福德、恒盛泰、隆庆祥、洪聚祥、裕盛东、协增成、德盛泰、同义）、土药行（3 家：仁记、源起、悦来）、生皮行（3 家：元泰和、裕盛永、富兴）。

在芝罘牙商经营的行业种类有 12 种：大豆牙行（37 家：成福太、成生祥、德成玉、德源号、丰成义、丰豫号、公太义、广源太、广源泰、合生号、恒盛太、恒义号、洪泰号、来永春、利盛太、顺盛号、顺增祥、天成栈、天和栈、同和成、同和栈、同聚丰、万聚丰、万顺公、万兴隆、文裕栈、义来兴、义盛泰、义盛泰、益生和、永长太、湧和福、元和泰、源发和、源义号、源义栈、允兴德）、面粉牙行（16家：成裕和、德成和、盛和泰、丰成号、裕丰德、宝盛栈、同和成、裕隆德、同生东、同生源、裕庆合、协泰兴、广源泰、成吉泰、协丰玉、合顺号）、材木牙行（32家：东昌泰、丰盛仁、德余成、同来栈、盛源永、瑞聚盛、同来兴、福盛东、同升和、乾聚和、同和德、吉成号、大成号、同德、立兴、福义、永兴、同顺义、德聚盛、永盛、允兴、成源兴、万成兴、允兴德、协成泰、成源泰、协成仁栈、祥记号、同兴和、源生德、聚顺和、复成兴）、粟牙行（17家：丰禄丰、万聚丰、万顺公、万兴隆、成福泰、永和昌、源茂号、政兴永、和丰德、成福泰、利盛泰、利盛号、广兴隆、德源顺、义盛泰、湧和福、四合号）、高粱牙行（2家：文盛和、四合号）、薪牙行、绿豆牙行（37家：成福太、德兴永、德源顺、丰豫号、福丰和、福丰永、广源泰、和兴栈、恒茂号、恒盛号、洪太号、洪太泰、洪泰号、集顺盛、聚来公、聚顺盛、莱永春、利盛太、四合号、太兴号、天成栈、同和成、同顺兴、万聚丰、万顺公、万兴隆、文裕栈、义盛泰、益生和、永和昌、湧和福、裕丰和、源发和、源泰、源茂号、长太号）、石材牙行、米牙行（27家：德生源、同生东、裕庆合、福顺号、恒聚源、万聚丰、德增义、裕隆德、大生盛、广和顺、永和昌、同和成、裕生成、恒顺号、谦太成、洪泰号、福顺益、东大成、广德号、大成号、和太公、文来号、文德成、泰东号、金生号、永发祥、裕丰德）、玉蜀黍牙行（37家：成福泰、成茂盛、成生祥、德成玉、德盛宝、德火水、德元号、丰基奉、丰盛义、福丰和、公太义、广发和、广源泰、相茂号、洪春号、聚顺盛、莱永春、顺兴号、顺增祥、四合号、天兴号、同和成、同顺兴、同义合、万聚丰、万顺和、文裕栈、义来兴、义盛泰、益生和、永发祥、永和昌、永和祥、元水泰、源发好、源发和、源合福）、小麦牙行（16家：成生祥、德源顺、德源义、福顺号、公来兴、广和顺、广兴隆、合生号、洪泰号、四合号、同和成、同顺公、文裕栈、祥兴公、义兴泰、湧和福）、船牙行即运送牙行（89家：成福泰、成来盛、成茂盛、成生祥、大顺泰、大顺义、德成玉、德盛玉、德兴和、德兴永、德裕恒、德元号、德元玉、德源义、鼎泰号、东盛合、丰盛义、丰豫号、福丰和、福顺裕、公泰义、供泰号、广和顺、广兴隆、广源泰、合生号、合盛公、合顺兴、和成泰、和兴栈、恒盛泰、恒泰昶、恒义号、聚来兴、聚顺盛、莱永春、利益号、谦泰成、乾之泰、仁和福、盛丰泰、顺盛号、顺增祥、泰成兴、泰兴号、天成栈、天胜福、同昌玉、同春盛、同发和、同和成、同聚和、同聚恒、同顺公、同顺兴、同祥义、同义合、万成永、万聚丰、万顺公、万兴德、万兴隆、文盛和、文裕栈、祥兴公、协丰和、协泰兴、新记栈、信记栈、义来兴、义盛泰、义顺水、益生和、永发祥、永和昌、永顺泰、永兴东、永增兴、水长泰、调和福、格泰公、元和奈、元兴义、源发号、源发和、源义号、允升泰、允兴德、政兴永）"。①

　　南京在民国时期具有特殊的经济地位。1942年，南京特别市政府公布的牙商经营的行业种类有117种，包括：子（籽）花行、砖瓦灰行、砖瓦行、烛心行、竹货行、纸行、毡帽行、枣行、玉器行、榆皮行、鱼蟹行、油行、野味行、药材行、窑货行、洋油箱行、洋发行、羊行、颜料行、烟草行、椏木行、修船行、小猪行、乡镇木行、鲜猪行、夏布行、虾米行、锡箔行、铁钉行、糖行、炭行、蓑衣行、笋行、苏镇木行、苏镇板行、苏货行、丝吐头行、丝经行、丝行、水烟行、水晶行、水果行、树行、食粮食行、石灰行、石行、石膏行、绳索行、山芋行、桑叶行、桑秧行、箬帽行、青定（靛）行、薪草行、漆行、蒲鞋行、蒲包行、苹果木鲜矾行、皮货行、牛皮行、牛行、南货行、木器行、末香行、棉籽行、棉布行、蜜蜂行、毛骨胶行、麻综行、麻袋行、螺丝行、骡马行、萝卜行、芦席行、菱藕行、蜡行、糠麸行、酒行、

① ［日］东亚同文会：《中国省别全志》（8册），1917—1920年铅印本（第四卷）山东省，国家图书馆出版社，2015年版，第232—301页。

京货行、京冬菜行、金针菜行、茧行、鸡鸭行、鸡豆行、花生行、花卉行、花布行、斛行、红花行、腌腊行、海货行、过儎行、广货行、瓜子行、瓜苗行、瓜行、估衣行、估产行、干面行、粪行、废铜锡行、矾碱行、蛋行、瓷器行、船行、绸缎绒绉行、炒米行、柴行、柴草行、茶叶行、草子行、草货行、糟行、菜蔬行、饼行、北货行、薄荷行[①]。

民国时期，上海是我国的贸易中心城市。1934 年，上海市政府公布的上海牙商经营行业种类有 121 种，包括：绸缎绒总行、茧行、丝行、棉布行、苏货行、广货行、洋货行、京货行、海货行、药材行、水烟行、茶叶行、锡箔行、皮货行、玉器行、苏镇木行、鲜猪行、米行、稻行、陆陈行、杂粮食行、豆行、南货行、北货行、丝经行、夏布行、花布行、子花行、苏镇板行、乡镇木行、末香行、颜料行、糖行、纸行、红花行、腌腊行、油行、酒行、牛行、羊行、小猪行、骡马行、鸡鸭行、蛋行、枣行、京冬菜行、苹果木鲜矾行、蜡行、估衣行、瓷器行、烟业行、树行、鱼蟹行、野味行、水果行、花生行、瓜行、菱藕行、虾米行、钉铁行、废铜锡行、炭行、饼行、船行、过儎行、砖瓦行、石灰行、牛皮行、毛骨胶行、麻棕行、蒲包行、干面行、斛行、棉籽行、漆行、榆皮行、竹货行、革货行、桑叶行、柳条行、毡帽行、石行、水晶行、窑货行、柴行、金针菜行、箬帽行、丝吐头行、鸡豆行、靛行、估产行、菜蔬行、笋行、萝卜行、山羊行、瓜子行、瓜苗行、桑秧行、草纸行、蒲鞋行、芦席行、蓑衣行、石膏行、糖面行、糟行、矾碱行、砖瓦石灰行、薄荷行、花卉行、螺蛳行、蜜蜂行、烛芯行、绳索行、柴草行、修船行、粪行、桠木行、箭草行、木器行、薏米行、洋油箱行。[②]

被世人称为九省通衢的汉口，水陆交通发达，商业繁茂，是全国商品主要

① 南京市地方志编纂委员会：《南京税务志》，海天出版社，1994 年版，第 71 页。
② 《上海市牙行营业规则》，《上海市政府公报》，1934 年第 148 期，第 146—151 页。

的集散地之一。民国时期凡川、陕、湘、豫、滇、黔各省商品之输出皆集中在此。1917—1920 年，牙商经营的种类以米行、杂粮食行和棉花行为多。

米行：胡盛、李宏盛、益茂协、同盛兴、永茂泰、恒升生、兴源、永泰长、新和兴、永茂福、宏生祥、杨永盛、著泰兴、尹和盛、陆茂源、丰泰晋、昌和行[①]；

杂粮食行：经营米谷以外的其他农产品，如豆、麦、胡麻等类杂粮，主要有邓隆盛、黄万祥、永昌乾、曹德丰、刘永昌、义茂福、陈新茂、郭义兴、黄永茂、刘恒茂、萧丰祥、王宏义、丁万盛、邬祥盛、萧义和、谢义兴、王万泰、罗鼎兴、王合泰、宋义和、王宏顺、吴宏盛、吴永茂、邓兴盛、刘义和、刘义顺、刘祥盛、刘祥泰、信义昌、张洪兴等 30 家[②]；

棉花行主要有：永兴裕（鲍家巷）、宏丰（黄陂街）、仁昌森（大夹街）、源兴（大夹街）、刘泰兴（大夹街）、正大（大夹街）、和丰永（大夹街）、振昌（清真寺）、李泰茂（黄陂街）、鼎泰（大夹街）、盛协泰（大夹街）、祥泰（河街）、谢和泰（鸿安里巷）、春成（河街）、查恒盛（小夹街）、永大（河街）、周隆昌（大夹街）、大昌（大夹街）、泰来森（戴家巷）、王同发（河街）、源义（河街）、肇庆（回龙寺）、德顺（河街）、寿昌（大夹街）等等[③]。

1933 年 1 月 29 日，汉口市牙商经营的行业种类主要有 60 种，包括：白布、板炭、菜麻油、草帽边、茶、茶油、船、蛋、老鹳草、番末、矾、茯苓、估衣、瓜菜、黄丝、鸡鸭、胶布、脚花、粮食、萝卜、麻、煤炭、棉花、棉绒、棉纸、棉籽、木耳、木纸、木油、南酒、牛骨、牛、牛皮、蒲包、山货、烧纸、生漆、

[①] ［日］东亚同文会：《中国省别全志·第 9 卷·湖北省》1917—1920 年版，国家图书馆出版社，2015 年，第 457—458 页。

[②] 同上，第 460 页。

[③] 同上，第 463 页。

石膏、石灰、水果、汤粉、桐油、土果、土琬（碗）、西货、夏布、鲜蟹、香菜、烟叶、羊山绒、羊子、药材、油饼、鱼、雨伞、杂木、猪、砖瓦[①]。

四、牙商在县或乡镇集市中的经营业务种类

近代牙商不仅在城市纷纷设立，还在一些县或乡镇集市得到了发展，将触角深入到乡镇集市。

1917—1920 年，在山西省太原牙商经营的行业种类约有 20 种：大木行、箱木行、桦行、海菜行、皮毛行、面行、麻行、糖行、洋广杂货行、酱油行、茶行、布行（泰昌缎布庄、长顺缎布庄）、棉花行、羊行、猪行、米粟行、生漆行、驴马行、油行、薪木行等。另外，活跃在集市从事土特产品和牲畜交易的牙商有 4 家："北区（泽和）、西区（罗秀）、南区（村三）、东区（杨老田）。"蒲州牙商经营的行业种类约有 3 种，其中粮食行（2 家）、茶号（5 家）、棉花行（1 家）。粮食行包括天成粟店、义盛粟店。茶号 5 家公用 1 枚牙帖，有各自独立的营业商行，其字号为永生隆（永生茶号）西街、天元茶号西街、敬胜泰西街、和顺永东街、天顺德南街。太谷牙商经营的行业种类以木行、粮食行、油行、煤行等为主。木行 11 家：永盛恒记、聚德荣、利泉木厂、义盛永记、谦益玉、广丰木店、恒昌、广元昌、义和木店、义升店、道和义；粮食行 4 家：裕丰店、万隆店、永泰店、天民大米店；油行 10 家：福隆昌、大德永记、大成油行、协利油行、协丰阜、永和配、梁和庆、源泰、同心、广源厚；煤行 5 家：草源煤店、广昌煤店、庆和昌记、永益栈、广益盛。解州牙商经营的行业种类有 2 种，其中粮食行 4 家，花行 2 家（茂

---

① 湖北省政府财政厅：《湖北省政府财政厅关于汉口市税捐稽征处整顿牙帖与征收短期牙帖捐税暂行办法及修正征收旅栈业执照捐暂行规则的指令、呈文》，湖北省档案馆藏，档案号：LS1-5-0170-0006。

林花店、同升花店）。沁州牙商经营的行业种类有 5 种，棉花行、布行、麻行、木行、粮食行。粮食行：万盛厚、万庆水、德昌隆、利源长、丰益昌、长盛粮；布行：德义永（南市）、万沁魁、复和记（西街）、万顺德（西街）、休休永（本街）、天德恒新货同（南市），泰和泰、复生兴记（本街）。泽州牙商经营的行业种类有布行、烟行、铁行、靛行等。泽州的牙商多有行栈，即有仓库，意味着领有牙帖的特许商。大同牙商开设的行店有仓库、设备、客室。北京、天津、张家口的货物运到大同分配，此地货物移出。仓库名称如下：积成公司（粮食、木炭）；合顺公司（粮食、木炭）；水源行栈（杂谷）；清昌公栈（粮食）；平和行栈（粮食）；东成栈（粮食）；明清栈（皮毛）；鲁麟栈（皮毛）。此外，大同牙商开设有客商住宿设备的牙行有：福成店、天德店、道德店、琵琶店、南永顺店、大德店、恒隆店、天吉店、合盛店。宁武当地木材产出多，当地牙商以经营木材行居多，主要有：长顺店、天成店、福盛店、新盛店、大庆店、金森店、德药店、德林店、森茂店。此外，宁武牙商经营行业种类还有粮食店等；杂货行有常昌恒，还有骡马牛行等。朔州牙商经营的牙行：德宝元（洋布，资本 1000 元），荣泰蔚（洋布，资本 700 元），锦茂恒（洋布，资本 1000 元），德成元（洋布，资本 700 元），裕恒元（粮食，资本 500 元），恒德昌（羊毛，资本 500 元）。[①]

1917—1920 年，在江西省赣州牙商经营的行业种类主要有 9 种：糖行（4家）、米行（3 家）、布行（8 家）、木行（4 家）、烟行（10 家）、纸行（2家）、豆行（2 家）、面行（1 家）、船行（3 家）。会昌牙商经营的行业种类主要有 6 种：盐行（2 家）、油糖行（5 家）、豆行（1 家）、猪行（1 家）、靛行（2 家）、青果行（2 家）。瑞金牙商经营的行业种类主要有 9 种：烟草棚（8 家）、烟行（3 家）、油行（8 家）、纸行（4 家）、过傲行（3 家）、

---

① ［日］东亚同文会：《中国省别全志》（32 册），1917—1920 年铅印本（第十七卷）山西省，国家图书馆出版社，2015 年版，第 251—271 页。

苎麻行（1家）、酒米行（1家）、豆行（5家）、杂货行（2家）。南安牙商经营的行业种类主要有8种：油行（8家）、互行（3家）、过傤行（4家）、烟行（2家）、木行（1家）、船行（1家）、纸栈（17家）、纸行（8家）①。

1917—1920年，在湖南省长沙牙商经营的行业种类主要有：油、盐、粮食、鱼虾、茶、麻、山货、土果、竹、王（玉）兰片、枯饼、棉花、瓷器、石灰、牛皮、烟丝、靛、铁、煤炭、纸等70余种。湘潭牙商经营的行业种类主要有米行（16家：慎和、谦裕、王荣发、三盛、宽裕、志和、周万茂、万丰、郭鸿裕、益裕、郭达裕、龙洪和、豫茂、万箱裕、万盛、乾裕）、药材行（11家：全福、云昌、同裕、大和、安吉、福昌、生泰、同仁、生和、大德、正昌）、鱼行（11家：益太、谦太、吴万、发万太、刘生、太阳、鸿裕有、洪发、谦正、茂生、公裕和）、油行（7家：同春、恒美玉、信诚泰、振隆泰、祥昌贞、协丰裕、怡成裕）、杂货行（7家：德昌、福庆、福茂、福隆、吉庆、祥茂、荣昌）、南货行、烟行、煤炭行（4家：复兴和、光裕祥、林三达、吉太祥）、土果行（20家：恒茂、裕泰、恒泰茂、永茂恒、万茂、德泰、彭祥泰、永丰、正昌、源馨泰、三鼎、乾盛、郭泰、何新泰、周原、永生祥、同昌、谭义泰、振新、春福同）和纸行。易俗河牙商经营的行业种类主要有米行（26家：豫顺祥、张元顺、恒丰裕、李福泰、唐元吉、袁沅吉、陈恒外、大豫吉、郭鼎盛、钧元镇、彭宝泰、郭丰裕、福森祥、郭裕丰、春生店、周履泰、元华新等）和猪行（郴春乾、郭庆升、大钰昌、李三盛、宝顺、拱昌、欧明裕恒益、同泰盛、春德富兴）②。

1917—1920年，河南省开封牙商经营者的行业种类最大的是花生行，另

---

① ［日］东亚同文会：《中国省别全志》（22册），1917—1920年铅印本（第十七卷）江西省，国家图书馆出版社，2015年版，第378—397页。

② ［日］东亚同文会：《中国省别全志》（20册），1917—1920年铅印本（第十卷）湖南省，国家图书馆出版社，2015年版，第343—385页。

外还有皮行、粮食行、花行等。花生行：通记花生公司、裕生祥花生行、福隆祥市口、白万泰（鱼市口）、白义盛、三盛合、星盛魁；粮食行：同茂、泰聚、中和、大成、秦盛、恒泰；花行：三义合、郑水盛、东太顺、预通公、三合盛、二合盛、王成盛、水盛号、魁成德。陈留牙商经营的行业种类以粮食行（格泰公、德茂昌、椿茂林、德大恒、水和坊、奎隆昌、恒典坊、德大昌）最多，另外还有酒行、花行、牛马行、木行、油行等。开封牙商经营的行业种类主要有斗行（公兴恒）、干果行（李长新）、杂货行（张同兴）。郑州牙商经营的行业种类以花行居多，主要有宝源恒、万顺长、玉庆长、信美成、义隆丰、西益和；另外皮行有：中盛魁、德盛魁、豫昌、义合、豫通祥等。漯河镇牙商经营的粮食行有 20 余家，泰丰公、祥泰昌、祥茂恒、公和裕、恒茂、泰丰、协丰、福泰、公义顺、全泰裕、裕昌隆、同泰昌、三兴、公盛、公兴祥等。周家口的牙商经营的牙行主要有：同顺德、同合、义盛德、广盛昌、义和、润兴、万顺、裕泰；另外有花行：人和、万来、长兴；菜行：世泰昌、成泰、大源泉、天顺公、玉泉丰、万兴和；杂货行：裕泰福、庆顺和、长发德等。归德牙商经营的皮行：苏福聚、丁复盛、何义顺、恒聚祥、三义行、仁义行、天聚租、益顺行、全义行；粮食行：复盛行、四义、交盛、福兴、福聚、德盛、涌聚盛、益聚、荣泰公、同盛、德泰、局庆、公盛、三义、新义、协丰、鼎盛等。延津牙商经营的牙行：福德昌油行、全盛永杂货铺、天盛恒油行、天泰祥红花行、豫茂长油、皮羊毛行等。道口镇的经纪：来经纪（孙老明）、油经纪（刘兴）、杂货经纪（合记杂货经纪）、牲口经纪等。清化镇牙商经营的牙行：三项店、同心校复兴西店、太和老店、协租水、杯复店、同素号、物租北店、大益同、怀复店；粮食行：泰盛店、吉兴钱、秦兴隆、双兴义、长源祥、玉芳集、顺兴成、同盛永、福盛等。洛阳为棉花、羊毛、牛皮集散地，又是谷物中心市场，牙商经营的牙行有皮行 20 家、粮食行 20 家、花行若干、经纪产行 3 家、牲口行 1 家。皮行：同心合、同茂恒、陈月盛、丁元盛、全兴合、同瑞、义盛合、通顺、义顺长、崇顺长、崇兴合、信义诚、元发长等。[①]

民国时期，湖北省宜昌牙商经营的牙行：恒像生（杂货行）、宏吉顺（杂货行）、吉顺铭（杂货行）、信茂仁（杂货行）、元吉瑞（杂货行）、同文泰（棉花行）、大顺公（棉花行）、万顺信（棉花行）、大顺贵（棉花行）、张同兴（棉花行）、张泰德（棉花行）、芦明记（棉花行）、王万和（棉花行）、乾天泰（棉花行）、周兴顺（棉花行）、吴万盛（棉花行）、江同心（棉花行）、田同兴（棉花行）、王洪泰（棉花行）、汗正楷（棉花行）、黄恒兴（棉花行）、毛永兴（棉花行）、周仁和（棉花行）、张福隆（棉花行）、胡茂盛（棉花行）、陈大顺（棉花行）、毛义盛（棉花行）、陆陈盛（米行）、陈义和（米行）、毛泰和（米行）、毛公和（米行）、万新泰（米行）、秦永泰（米行）、赵珏顺（米行）、王洪泰（米行）、周万彝（猪行）、秦德泰（猪行）、茂顺（猪行）、洪裕（猪行）、屈全兴（猪行）、马春泰（猪行）、何同兴（猪行）、同裕昌（杂粮食行）、陈广源（杂粮食行）、其祥允（杂粮食行）、陈元合（杂粮食行）、陈永大（杂行）、张天泰（盐栈）、锚丰公（盐栈）、张华柏（丝行）、阁永丰（茶行）、除目新（茶行）、汤盛德（茶行）、刘正典（茶行）、福康（茶行）、罗万我（本打行）、湖水安本平行等。[②]老河口的牙商经营的牙行数目不多，包括棉花行（谦益）、牛皮行（同兴）、油行（大兴）、粮食行（恒益）、山货行（宝大）、炭行（欧荣发）、布行（益昌）、草行、船行（恒发大）等。[②]1934年，牙商在武汉三镇开设的牙行共2145家，分

---

① ［日］东亚同文会：《中国省别全志》（16 册），1917—1920 年铅印本（第八卷）河南省，国家图书馆出版社，2015 年版，第 311—341 页。

② ［日］东亚同文会：《中国省别全志》（18 册），1917—1920 年铅印本（第九卷）湖北省，国家图书馆出版社，2015 年版，第 501—511 页。

为粮食行、杂粮食行、丝茧行、药材行、杂货行、承揽行、油行、白布行、色布行、果行、棉花行、鱼行、炭行、石膏行、灯草行、砖瓦行等 59 个业体。武汉解放前夕，仍有牙行 1023 户，分属 24 个业体。[①]

从 1912 年开始至 1921 年，湖南省沅江县（今沅江市）牙行已经发展到 98 家。其中麻、粮食行 40 家，鱼行 6 家，竹、木行 10 家，水果行 13 家，其他牲畜、燃料等 29 家。这些牙行经营的业务都是针对沅江特产而设立的。由于省内外贸易商户常常聚集在沅江，渠道多、门路广，所以牙行业务得到不断演进。如沅江传统种植的苎麻，通过牙行收集，由熊元大直运上海松记颐庄转出口贸易；水果柑橘则直运汉口京杭。鱼行的吞吐量更大，如左氏鼎兴长、郭乾泰，他们经常下湖与渔户挂钩，加工成品，为外县鱼商输出大量鱼品。洞庭湖的珍贵银鱼，通过牙商，也远销港澳和国外。1921 年至中华人民共和国成立前夕，沅江下属的草尾、塞波、茈湖、大林、南湖等农村集镇，也都设有牙行经营各类业务。据记载，中华人民共和国成立前夕，全县共有各类大小牙行 134 家[②]。

民国时期，内蒙古自治区归绥县（今呼和浩特市）专作介绍牲畜买卖的牙纪，没有资金，人数最多，仅在牙纪公会登记有名字的就有四五百人，如马忠、马正元、白金忠、曹彪、黄金有、刘邦予……还有未在牙纪公会登记，随老牙纪上桥做生意的人数更多[③]。

民国时期，浙江余姚县城内由行栈变化而来的牙行数量骤增。民国十八年（1929），全县有牙行 114 家，其中山货行 44 家、粮食行 9 家、木行 34

① 武汉地方志编纂委员会：《武汉市志经济管理志》，武汉大学出版社，1999 年版，第 302 页。
② 中国人民政治协商会议湖南省沅江县委员会文史资料研究委员会：《沅江牙行史话》，《沅江文史资料》（第 1 辑），1984 年，第 132 页。
③ 中国人民政治协商会议内蒙古自治区委员会文史资料研究委员会：《内蒙古文史资料第 12 辑旅蒙商大盛魁》，1984 年，未刊，第 177 页。

家，咸货行 18 家、牲畜行 9 家。1941 年后，余姚沦陷，商业萧条，集市冷落，部分停废。新中国成立前夕，牙行又发展至 103 家[①]。

江西省丰城的集市早在 2000 多年前的秦朝就已经形成。民国初年，丰县集市上的牙商经营行业种类可以说是"七十二行"俱全。知名的有城西关高家的粮食行、芝麻行，南关的李家粮食行等。另外，集市上还有布行、线行、鱼行、木材行、柴草行、木炭行、干果行、牲口行、鸡鸭行、鸡蛋行、皮行、药行、茧行、席行、箔行、苇子行、青菜行、丝行、鱼行、棉花行、油行、烟叶行、竹器行、条筐行、瓷器行、玫瑰花行、铁货行、鞭炮行、杂货行、佐料行、饭食行（勤行）、宰杀行、猪羊行、麻行、苘行等。各行都有几名熟知行情的行人充当生意中间人，并从中收取佣金，这些人对控制市场起到了很大作用。民国时期，江西省都昌地区形形色色的"牙行以县城较多，其中六尘行（粮食行），有何太康、陈恒升、陈恒达、邵亿盛、公和、裕丰。另外还有聚沅菇行、久丰油行、明生棉麻行、利丰、大陆商行、汪老三的杂品行、杨老三的水果行，以及邹时选、余昭彬、胡正梅、胡正双的鱼行，徐家埠的棉花行，三汊港的土产行、树竹行，土塘的柴炭行，周溪的纽扣毛子行，南峰的大豆、烟叶行等，全县牙行达 80 多户。此外还有'马捎行'，又称带户行，如县城陈茂圣、吴道庆、陈秋生等。所谓马捎行，一般都没有请伙计徒弟，落行的都是小客商，马捎行的老板手提灰印，肩扛大秤，带客上户，产地交易，在船上装运时鲜品，如矶山的西瓜、鲜鱼等。人送绰号'坐自金鸡'（即中介经纪吃白的意思）"[②]。

民国时期，陕西省产棉最多的 10 个县份为长安（今西安市）、咸阳、高陵、三原、泾阳、临潼、渭南、华县、大荔、朝邑。这 10 个县份中的花店均

① 鲁章敖：《姚江工商》，浙江古籍出版社，2013 年，第 18 页。
② 于纯一：《行市贸易》，收入在政协都昌县委员会文史资料研究委员会：《都昌文史资料第 4 辑城镇史专辑》，1992 年，第 116 页。

是由牙商开设，且花店经营业务均为代客买卖性质。长安县有 48 家（北关 8 家、东关 3 家、新镇 23 家、斗门镇 5 家、草滩镇 9 家）；咸阳县有 32 家（县城 27 家、甯店 5 家）；高陵县 6 家；三原县花店 19 家；泾阳县花店 45 家（县城 14 家、公阳 12 家、石桥 11 家、鲁桥 6 家、王桥 2 家）。剩余 5 县花店共 150 家，亦均为代客买卖者。

民国时期，房县为鄂西北古老重镇，系川、陕、鄂交通之枢纽。加之本地种棉历史悠久，且产量居邻近几县之首，牙商经营的花线行数量不断增加。据 1934 年商会统计，城关与乡村集市花线行栈有 32 家。牙商在湖北省嘉鱼县的城镇、集镇均有。1931 年，牙商在鱼岳、使洲两镇开设的牙行共有 196 家。1948 年为 139 家，以经营粮食、竹木、棉花、苎麻、鲜鱼、生猪为多。常熟县城有大量牙行，米行 111 家、木行 15 家、花布棉布行 3 家、猪行 9 家、鸡鸭行 8 家、蛋行 5 家、饼行 17 家、皮骨行 9 家。

1917 年，据《湖南财政月刊》统计，牙商在湖南省常德市（今天的常德市）开设的谷米行有 100 余家、油行 8 家、药材行 8 家，总资本 140 万元。1917—1920 年，新领帖开设牙行 102 家。1919—1926 年，有油行 10 家，318 人，资本 100 万元。《湖南全省农矿统计概要》记载，1929 年，常德有粮食行 60 余家，363 人，资本 15,200 元；花行 10 家、山货行 70 余家、药材行 12 家，共 300 余人，资本 40,000 元。据《工商半月刊》六卷十八号记载，1933 年，有谷米行 26 家，交易额 182,000 元；豆麦杂粮食行 58 家，交易额 10 万元；皮毛培莲行 18 家，交易额 348,000 元；竹木行 28 家，交易额 10 万元；棉花行 9 家，交易额 74,000 元；油行 10 家，交易额 60 万元；药材行 5 家，交易额 71 万元。据《湖南年鉴》统计：1936 年，常德牙行增至 459 家，其中大宗商品出口有谷米 50 万石，棉、鱼各 20 万担，桐油 24 万担，朱砂 200 吨，莲子 26,000 担，碱 12,000 担，茶叶 8400 担，木材 60 万担。1937 年抗日战争爆发后，常德牙行逐年减少，截至 1943 年减为 62 家，1945 年后恢复到 147 家。截至 1949 年 9

月底，市商会登记牙行391家，其中：粮食行68家、竹木行29家、油行18家、山货行39家、花纱行9家、柴炭行88家、蛋行33家、木柴行43家、干鱼辣行16家、旧货行29家、砖瓦石灰行19家。[①]

在近代江南市镇上，经济实力最为雄厚的各类首推牙商生意兴隆，"门类广，数量多""聚四方商旅""左右着市面繁荣与生意兴旺"，成为了江南市镇中"商业运作与市场流通的主体"[②]。牙商开设的丝行除销售本地机户、机坊之外，还专门收购农家生产的蚕丝，将其大量转销苏州、上海、杭州、绍兴、南京、镇江、盛泽等地各帮丝商。牙商的桑叶行经营的是新鲜桑叶买进卖出的转手贸易，为了保鲜，也为了保持价格优势，大多设立于市镇四栅河边码头，利于船只进出。双林镇上的牙商生意十分兴隆，镇上的牙商"以丝、绵、绸、乡为盛"。在菱湖镇上牙商开设的丝行，有大行、小行、小领头之分。大行指的是经济实力大的牙行，除居间新丝外，还为各地客商提供巨额货源；小行，又称"钞（抄）庄"，将农户的新丝或转售给大行或售给买丝客人；"小领头"俗称"白拉主人"，是专门为乡农寻找买家，从中收取佣金的牙商。南浔镇经营丝行的牙商开设的行店亦可分为大行、小行和小领头。湖熟镇是江苏省江宁县东南部的商业中心，市场繁荣，有"小南京"的称号。1947年，该镇有83位牙商开设粮食行，"每日大米吞吐量达几千担到上万担"。江苏省泗阳县的集市贸易中，以粮食贸易最为活跃。粮食贸易场所主要是牙商开设的粮食行，各个集市皆有，尤以众兴镇、洋河镇为最多。日军侵占泗阳县之前，仅众兴、洋河两镇就有牙商开设的粮食行五六十家。众兴镇粮食行大都分布在东门、西门、北门等处，洋河镇粮食行主要分布在米市街。20世纪30年代，在河北定县的集市交易，必须经过中间人"评议市

---

① 胡建武：《常德牙行业史话》，收入在中国人民政治协商会议湖南省常德市委员会文史资料研究委员会：《常德市文史资料》（第1辑），未刊，第101页。

② 樊树志：《江南市镇：传统的变革》，复旦大学出版社，2005年版，第246—248页。

场"，中间人叫"经纪"或"牙商"。1934年，在定县18个集市上，经官府批准颁发执照的牙商共61名，开设的牙行主要类型有牲畜牙行，棉花、花籽牙行，布牙行、斗牙行、油饼、菜、水果、口袋、带子牙行，花生、席、麻牙行，树木、油槽、牛马羊皮、油、骨牙行，猪毛、鬃牙行等。

民国时期，安徽省濉溪县境内有50多个集市。集市大小不一，逢集日期也各不相同。一般小集镇是10天3集，各集分别按"一四七"（农历，下同）"二五八""三六九"排列。较大集镇则10天4集，多按"二四七九""三五八十"或"一四六九""三五八十"排列。这样错开集日，有利于交易活动。大集镇如濉溪、临涣、孙疃、南坪等，因上市的商品丰富，便物以类聚，形成各个"行"和"市"。如粮食行、棉花行、土布行、干果行、青菜市、瓜果市、鱼市、鸡鸭鹅市、猪羊市、牛市等。行和市都有"行人"（牙商），行人多少不等，大的行、市，行人多达20余人。在买卖双方自由交易、讨价还价中，行人从中调解说合，成交后，行人从中收取一定的交易费，俗称"行佣钱"。

1929年，四川省合川县的集市上约有114家牙商。其中山货行44家，粮食行9家，木行34家，成货行18家，牲畜行9家。

从以上可知，民国时期牙商不仅在我国各个地区、各个省份、各大城市均得到了较大发展，而且在一些乡镇或者集市也得到了较大发展，牙商所经营的业务种类繁多，行业门类齐全，遍及商业领域的各行各业。可谓"三百六十行，行行有牙商"。在社会调查中，曲直生认为，牙商经营的种类繁多，"一、食粮类；二、棉花；三、丝茧；四、茶；五、麻；六、花生；七、皮毛；八、山货；九、干果；十、蔬菜；十一、烟叶；十二、牲畜；十三、猪羊类家畜；十四、鱼虾；十五、土布；十六、苇席；十七、车骡及船只的雇用如船行及过傤行；十八、不动产买卖。以上前十七项为特殊性质，第十八项为不动产买卖，在法律上另有规定，其余均为牙商经营的种类。特别是有些细小的行业也存在牙商。如在金山镇（今上海市金山区），有三种特殊的牙商：第一，专门为卖柴和买柴做中间人的，俗称"柴主人"。凡镇上学校团体、大商店用柴数量较大的，柴主人便从中说合。柴主人备有"公平秤"，代客过秤，从中收取售价10%的佣金。第二，粪主人，又称"粪头"，专为粪便买卖双方当中间人。旧时公厕极少，大多住户院内有粪缸。农民买卖先找粪头，粪头带领农民上户，按质开价，大体公平，看质量，估计担数，价款由粪头垫付，抽佣金15%左右。第三，丐头，俗称"叫化头"。必有帮会势力做靠山，本身又会点拳脚，能制服强横丐帮的有力人物。过往乞丐由他"开销"，不得争多论少，服服帖帖"开码头"，不再挨门挨户乞讨。

第二节　牙商从业者的数量

民国时期，牙商从业人员数量增多，已经成长为一个规模不小的群体。

由于资料的匮乏，从事牙商行业人员的数量难以统计，下面从几个侧面介绍一下大概情况。

民国时期，浙江省的牙商数量很多，各县皆有。据统计，1933 年，浙江省有 5111 位牙商开设了牙行，其中，永嘉县 528 位，嘉兴县 263 位，绍兴县 238 位，吴兴县 203 位，杭县 182 位，定海县 189 位，杭州市 176 位，玉环县 162 位，海宁县 161 位，鄞县 128 位，长兴县 132 位，富阳县 125 位，诸暨县 136 位，余姚县 114 位，临安县 109 位，镇海县 104 位，临海县 104 位，瑞安县 103 位，乐清县 97 位，宁海县 94 位，衢县 92 位，萧山县 89 位，慈溪县 88 位，新昌县 88 位，海盐县 81 位，上虞县 80 位，嘉善县 77 位，温岭县 70 位，江山县 66 位，青田县 59 位，桐乡县 57 位，象山县 54 位，平阳县 52 位，奉化县 52 位，金华县 52 位，孝丰县 51 位，安吉县 50 位，武康县 42 位，平湖县 42 位，丽水县 41，龙游县 38 位，桐庐县 36 位、崇德县 36 位，余杭县 34 位，黄岩县 33 位，武义县 30 位，遂昌县 27 位，德清县 19 位，永康县 19 位，于潜县 18 位，新登县 17 位，遂安县 17 位，义乌县 17 位，淳安县 16 位，寿昌县 16 位，仙居县 15 位，松阳县 15 位，浦江县 12 位，常山县 11 位，庆元县 11 位，嵊县 10 位，昌化县 9 位，建德县 5 位，分水县 5 位，开化县 4 位，云和县 3 位，宜平县 2 位，南田县 2 位，缙云县 2 位，汤溪县 1 位，龙泉县 0 位。[①]

① 浙江省工商行政管理局，浙江省工商行政管理学会：《浙江省工商行政管理志》，浙江人民出版社，2004 年版，第 55 页。

据民国时期中国实业部的调查，20世纪30年代的山西省各县有4719位牙商开设了牙行。其中晋城县有545位牙商，阳曲县有219位牙商，新绛县有192位牙商，繁峙县有192位牙商，平遥县有174位牙商，隰县有159位牙商，高平县有142位牙商，洪洞县有128位牙商，平定县有122位牙商，汾阳县有108位牙商，崞县有107位牙商，陵川县有105位牙商，长治县有102位牙商，神池县有102位牙商，长子县有87位牙商，垣曲县有87位牙商，沁源县有78位牙南，荣河县有73位牙商，介休县有73位牙商，榆次县有66位牙商，安邑县有69位牙商，永济县有67位牙商，五寨县有62位牙商，猗氏县有60位牙商，大同县有55位牙商，偏关县有52位牙商，夏县有52位牙商，壶关县有52位牙商，平顺县有52位牙商，襄理县有50位牙商，黎城县有50位牙商，万泉县有49位牙商，闻喜县有49位牙商，太古县有48位牙商，河津县有46位牙商，武乡县有46位牙商，解县有46位牙商，平陆县有44位牙商，灵石县有44位牙商，屯留县有41位牙商，河曲县有40位牙商，乡宁县有38位牙商，曲沃县有37位牙商，翼城县有37位牙商，稷山县有34位牙商，潞城县有33位牙商，左云县有33位牙商，沁县有32位牙商，宁武县有32位牙商，襄陵县有31位牙商，临晋县有30位牙商，离石县有29位牙商，清源县有28位牙商，定襄县有28位牙商，交城县有28位牙商，汾城县有26位牙商，芮城县有26位牙商，徐沟县有24位牙商，虞乡县有19位牙商，交水县有17位牙商，保德县有16位牙商，静乐县有16位牙商，临县有16位牙商，兴县有15位牙商，永和县有14位牙商，安泽县有13位牙商，中阳县有13位牙商，忻县有11位牙商，祁县有11位牙商，绛县有10位牙商，大宁县有9位牙商，临汾县有9位牙商，汾西县有7位牙商，岢岚县有7位牙商，浑源县有7位牙商，赵城县有6位牙商，岚县有5位牙商，浮山县有5位牙商，平鲁县有4位牙商，右玉县有4位牙商，怀仁县有4位牙商，石楼县有3位牙商，广灵县有3位牙商，阳高县有2位牙商，应县有2

位牙商，天镇县有 2 位牙商，昔阳县有 2 位牙商，朔县有 2 位牙商，蒲县有 2 位牙商，吉县有 1 位牙商，沁水县有 1 位牙商。[①]

　　民国财政厅 1934 年的数据统计显示，湖南省牙商家数总共为 4368 家。其中各县牙商家数分别为：澧县有 528 家，常德县有 507 家，湘潭县有 316 家，长沙县有 314 家，桃源县有 314 家，益阳县有 275 家，南县有 257 家，安乡县有 227 家，华容县有 194 家，汉寿县有 178 家，湘阴县有 177 家，祁阳县有 167 家，沅江县有 154 家，岳阳县有 152 家，衡山县有 68 家，临湘县有 65 家，衡阳县有 49 家，邵阳县有 44 家，阮陵县有 40 家，安东县有 36 家，茶陵县有 33 家，新化县有 26 家，攸县有 26 家，醴陵县有 26 家，道县有 25 家，宁远县有 24 家，汝城县有 15 家，平江县有 15 家，武风县有 14 家。江华县有 13 家，泸溪县有 13 家，湘乡有 12 家，石门县 7 家，慈利县有 6 家，辰溪县有 6 家，溆浦县有 6 家，黔阳县有 6 家，浏阳县有 5 家，宁乡县有 4 家，永明县有 4 家，常宁县有 4 家，龙山县有 3 家，耒阳县有 2 家，酃县有 2 家，新田县有 2 家，芷江县有 2 家，靖县有 2 家，宜章县有 1 家，资兴县有 1 家，会同县有 1 家。[②]

　　四川省的内江位于成、渝两地之中心，以产蔗糖著称，享有"甜城"美称。民国时期，内江蔗糖交易多集中于县城及茂市镇两处，县城交易地点为大南路、东坝街、大东门三地。每日都有交易，其集期为农历三、六、十日，各家糖号皆必来做买卖，交易额甚大。据西南经济调查合作委员会调查，1940 年，在内江从事糖业的牙商数量高达 71 位。内江糖业牙商姓名及其从事牙行业务的时间如下：邓金华（1905 年）、邓光修（1933 年）、张德清（1916 年）、邓杰章（1916 年）、黎和祥（1924 年）、邹奎祥（1935 年）、邓宁属（1890

---

① 实业部国际贸易局：《中国实业志·全国实业调查报告之五》（山西省，第七编，特种商业），商务印书馆，1937 年版，第 6—37 页。

② 朱羲农，朱保训：《湖南实业志 2》，湖南人民出版社，2008 年版，第 1237—1240 页。

年）、魏昌元（1915 年）、廖启文（1926 年）、周德全（1933 年）、林丰昌（1933 年）、张光裕（1925 年）、吴机三（1911 年）、黄玉川（1911 年）、郑元章（1931 年）、张青明（1926 年）、邱吉荣（1918 年）、吴自远（1926 年）、邓宗枣（1926 年）、张彬如（1908 年）、廖福堂（1908 年）、廖常楷（1933 年）、吴介藩（1898）、博家渭（1923 年）、赵炳云（1921 年）、李致中（1931 年）、刘柴奎（1933 年）、古正乾（1898）、徐德明（1902 年）、李玉之（1879 年）、刘俊卿（1893 年）、李致均（1897 年）、冷明高（1876 年）、门寅斗（1895 年）、郭向阳（1875 年）、冷仲成（1933 年）、张清如（1895 年）、张归动（1893 年）、张福廷（1898）、刘治安（1889 年）、路仲林（1890 年）、路竣林（1890 年）、李明光（1894 年）、李俊三（1896 年）、李金五（1926 年）、李桂廷（1920 年）、李金华（1926 年）、刘荣章（1922 年）、刘治祥（1933 年）、王青云（1928 年）、王佐方（1929 年）、赵国之（1915 年）、王永全（1934 年）、赵见章（1934 年）、许良明（1931 年）、薛玉麟（1935 年）、梁全道（1934 年）、宁吉田（1935 年）、赵鸣皋（1933 年）、廖协群（1931 年）、廖明辉（1934 年）、左朝宗（1935 年）、胡伯候（1914 年）、刘信成（1914 年）、甘少安（1894 年）、刘万培（1893 年）、刘文皋（1933 年）、甘祥（1895 年）、彭得福（1889 年）、陈钱润（1894 年）、彭锡福（1889 年）。[1]

四川的造纸工业是从隋代开始的。除了供本省使用，还远销鄂、豫、陕、甘诸省。广安县的造纸代理商有罗玉合、吴建山、秦万首、谭建猷、王明星、段玉成、李天元、李代全、郑启品、谭金和、李年应、谢双全、王世贞、程云芳、李代银、谢伯云、邬春山、张良心、尹代明、王士贵。[2]

---

[1] 西南经济调查合作委员会：《四川蔗糖调查报告》，独立出版社，1940 年版，第 233—238 页。

[2] 钟崇敏等：《四川手工纸业调查报告》，中国农民银行经济研究处，1943 年，第 115

　　山东省是适宜种植棉的地区。山东棉区从鲁南经运郑州，除汉口以外，其他地方的棉纱均聚焦于济南、临清、张店、青岛等。鲁西各地的棉花都在临清集结，十分之二的棉花被送到了天津，大部分又转运到济南。鲁东的棉花主要是从张店运输到青岛，大部分也运到济南销售。因此，济南的棉市在山东可谓是名副其实的"牛耳"，济南的棉市买卖，全在牙商的场所经营，并仅限一种皮棉。根据顾步瀛的资料，1936 年，济南 21 家买卖棉花的牙商共开办了 18 家花行、3 家花栈，每个花行都有几户甚至几十户客商。各地商人把棉花送往济南，先找到牙行开办的花行，再由花行代保火险，向检验商品的机构报备后，在花行的推荐下卖给纱行。此外，在棉花买卖中，除开办花行的牙行以外，还有三种类型：一、花客，每年从全国来济者五百多户，都是居住在花行内，除本身经营的棉花以外，亦常代理花行、纱厂、洋行等向内地收购棉花，而获得佣金。济南棉商所做的买卖，实是罕见，大都是自己收购，与花行、纱厂、洋行等进行直接买卖。二、跑合，主要是通过介绍花行和纱厂、花行和洋行、洋行和纱厂的业务，赚取提成，但在济南，这样的代理人很少见，大多是花行的杂役。三、花行之跑街者。花行是济南棉区的重要代理商，所有的买卖和介绍都由花行的小贩来做，而花行每月只给他们发基本工资，不发提成，其实他们就是花行的店员，负责在外兜揽生意。[①]

　　食物是人类赖以生存的必需品。南京市当时的人口已经超过百万，人们的主要食物来自苏省的溧水江宁、句容等地，皖省的合肥、巢县（今巢湖市）等地。据南京市社会局档案记载，1935 年，有不少从事谷物生意的牙商，他们业务的范围和种类也相当多，其中有专门替人做中间人，收取提成的；有自己当自己中间人，并设有客栈，经营谷物按揭贷款等业务的。牙商所经营的米商大致可分为河行商、廊行商、米行商等。

页。
① 金城银行总经理处天津调查分部编：《山东棉业调查报告》，1935 年，第 581—586 页。

河行商，最主要的生意就是替人买卖，凡是从水路上来南京的商人，都会因为人生地不熟，卖不出去货物，所以每次到了码头，都要找人帮忙。南京市牙商经营规模较大的河行，都设有自己的客栈，并以粮食作为抵押贷款。这样的行家在京市米商行业中是一股不小的力量，凡是从江边运送到城里的粮食，都要经过他们，所以才有了"河行"的称号。河行在买卖两人完成一笔生意后，按照惯例从每担货物中抽取 2 角作为佣金，佣金由买方和卖方平摊。这类行家多集中在各种谷物港口，尤其是中华门外下关两处，在本市开河行的牙商有 86 个。潘惟玉设有潘牲和河行，韦明德设有玉兴河行，李承思设有钜和河行，潘祝南设有仁和河行，随颂唐设有同大河行，赵雨农设有同泰河行，蔡成勋设有祥盛河行，陈少甫设有陈兆昌河行，徐万杰设有万泰河行，秦仲符设有泰记衡康河行，王桂轩设有生泰河行，吕廉夫设有益源河行，洪学仁设有洪汇丰泰河行，王春炘设有王仁泰河行，朱兆圻设有恒兴河行，程春荣设有万盛河行，陈福成设有玉隆河行，刘树镛设有庆余河行，舒东明设有洪昌河行，田值卿设有春记恒丰河行，赵变贵设有赵勇泰河行，吴则林设有裕隆河行，卞瑞书设有卞生和河行，马德奎设有德大河行，汪振荣设有汪钜隆河行，李鑫甫设有锦昌河行，席镇森设有通和河行，刘树君设有万隆河行，葛易坤设有豫丰河行，陈祖培设有同和行河行，金树勋设有金盛泰河行，李长林设有鼎泰河行，郑培乐设有泰隆河行，金抡元设有金原丰河行，王尊五设有泰和元河行，张正明设有正泰河行，吴炳南设有恒泰和河行，赵佽廉设有裕记协昌河行，陈祥孝设有祥泰河行，钱宗万设有公益河行，吴数良设有恒泰祥河行，孙铭吉设有孙聚成河行，陈德安设有陈鼎玉河行，薛德良设有薛金禾河行，张松斋设有嘉祥河行，陈敏盛设有义和河行，张芝泉设有大昌河行，杨成厚设有泰成河行，蓝存奎设有公义和河行，朱振明设有振兴河行，贾德泰设有长泰河行，吴炳南设有恒泰祥河行、恒森和河行，林则杰设有聚泰河行，马家驹设有裕泰河行，黄志刚设有聚源河行，汪松炳设有震泰行河行，吴福元设有源丰河行，郑子奇设有协聚丰河行，胡习之设有生泰河行，陈元章设有源泰河行，尹勇炘设有德祥河行，丁实生设有鸿昌河行，春和（萧樊亭）、陈子奇设有协聚丰河行，陈福林设有通源河行，曹家福设有福源河行，王润生设有立大河行，王养元设有豫太河行，汪有源设有仁源河行，郑锡麟设有元吉河行，陈鑫义设有元鑫河行，陈有寿设有陈协鑫河行，马德奎设有一大河行，王墉生设有公和河行，俞元林设有元昌河行，周善伯设有公和记河行，王孝达设有洪昌公记河行，朱世鑫设有春和祥河行，陈东海设有陈鸿昌河行，方受之设有豫泰河行。

廊行商，其性质与河行商稍异，其业务除了有代客买卖而取佣金者外，还会大批或零星购进货物，然后自行批发或零卖与米店及消费者。此等行家多集中于中华门外，凡从市外各地旱道运来求卖之米粮，多经其手，故称廊行，全市计 84 位牙商开设廊行。马子仲设有马信丰廊行，汪祖荫设有生源永廊行，樊邦治设有义和廊行，王崇金设有泰丰廊行，邱敏斋设有永兴行廊行，王尽之设有豫丰恒廊行，王庶安设有仁余廊行，许泽民设有福余廊行，蔡宝贤设有泰兴廊行，蔡良玉设有玉记廊行，鲍子亮设有兆隆廊行，宋家桢设有森余廊行，郭荣财设有郭荣祥廊行，董启钧设有乾吉祥廊行，周宗颐设有庆丰廊行，李善宽设有泰和廊行，曹鹤林设有楚豫廊行，张嵩茂设有万兴廊行，孙如松设有乾和祥廊行，成鸿和设有同鑫廊行，戴荣赓设有荣兴祥廊行，朱长会设有朱和记廊行，何茂泰设有何裕成廊行，刘存荣设有荣泰廊行，何赐爵设有何裕泰廊行，吴品廉设有协成廊行，叶思纯设有马同鑫廊行，贾永望设有森余廊行，许权南设有久和廊行，陈德云设有源和廊行，陆家和设有仁和廊行，郑盛泰设有郑盛泰廊行，陶筱谦设有同益廊行，徐耀儒设有徐宏大廊行，实辑五设有九余廊行，蔡贤通设有蔡通记廊行，盛镜清设有春余廊行，刘永坤设有鼎丰廊行，张恩隆设有恒隆廊行，董光庆设有庆和廊行，王道源设有乾盛廊行，周延芝设有周聚盛廊行，刘贤宝设有润源廊行，高孟平设有锦源行廊行，周海如设有周锦春廊行，周友机设有春和廊行，刘春旭设有庆余廊行，翁谷臣厚设有丰行廊行，王明道设有王裕和廊行，王道生设有朱震余廊行，蔡贤达设有天源廊行，张祖麟设有张赓源廊行，徐永泉设有瑞余廊行，郑思动设有庆农廊行，沈裕民设有大兴廊行，王少岐设有惠余廊行，王德清设有王聚和廊行，陈道鑫设有恒升廊行，郭福云设有有记廊行，吴佑臣设有吴裕丰廊行，程值卿设有天伴廊行，刘松龄设有乾泰祥廊行，徐永昌设有徐泰生廊行，陈保林设有陈福和廊行，顾锡华设有乾太廊行，高佐泉设有荣昌行廊行，王志铨设有王信丰廊竹，苟顺兴设有苟裕兴廊行，罗永恒设有罗仁泰廊行，余昌栋设有复兴廊行，沈启祥设有同记丰和廊行，陈有顺设有成大廊行，张耀五设有张文灯廊行，王子科与赵立喜设有立和廊行，樊克平设有和丰廊行，穆广普设有聚昌廊行，杨良钰设有和丰廊行，胡炳森没有永丰廊行，曹天锡设有恒昌廊行，徐志文设有震泰廊行，赵春芳设有泰祥粮食行廊行，王厚卿设有乾盛行廊行。

米行商，其性质实兼河行商、廊行商，亦可称为廊河行商。其日常业务除代客买卖收取佣金外，还可自行购进，然后批发给店家、零售或卖给消费者。此种行家，多集中于中华门外，1929 年时，全市有 1 位牙商开设了 1 家米行，此后逐渐增加，1935 年已增到 16 位牙商开设米行。王子和设有立和米行，赵修廉设有赵钜昌米行，查富仁设有德茂米行，吴捷三设有捷记鸿昌米行，林叔杰设有协记信丰米行，杨鼎生设有辛记和丰米行，鲍家源设有同源米行，孙传佩设有恒森和米行，陈震金设有勇鑫米行，张耀赓设有春和米行，吴玉丰设有玉记同丰永粮食行，马照车设有马轨记米行，李锦州设有李锦源粮食行，陈保和设有天泰米号。

上行商，也就是粮商（在沪锡一带俗称"皮箱"），他们的职务介于行号、米厂和米铺之间，没有自己的店铺，仅由自己代表米铺在米市中打探行情，替客人买米，南京没有对上行的数量进行统计。[①]

当时，安徽省是全国米粮出口大省，米粮牙商处于"中枢地位"，米粮牙行的数量也相当可观。经营米粮生意的牙行，其规模依据商户的不同而有所变化。随着时间的推移，开设牙行的数量也越来越多，首先是买卖行商（代表买卖双方的牙商），其次是卖行商（代表卖方的牙商），再次是买行商（代表买方的牙商）。根据统计，1935 年，芜湖有 243 位牙商开设米粮食行。无为县城 35 位，含山运漕镇 28 位，桐城县城 16 位，合肥县城 50 位开设了小市行、10 位开设了粮食行，嘉山明光镇 50 余位，滁州大约 38 位，无为襄安镇 30 多位，宣城湾沚 23 位，当涂县城 20 位，舒城桃溪镇 20 位，巢县柘皋镇 12 位，寿县正阳关 10 位，望江华阳镇 9 位，铜陵大通镇 7 位。在抗日战争前，蚌埠有将近 200 位牙商开设了米粮食行，合肥三河镇 130 多位、安庆六七十位、宣城县城 20 多位。

所谓山货，就是深山峻岭中的野生物，以及一些手工栽培的水果、菌类和草药。品种包括罗汉果、香菇、木耳、白果、勾藤、木通、杜仲、五加皮、鸡血藤、薄荷、荆芥等。民国年间，在广西桂林一带，山区里的小圩镇也成了人们交易山货的场所，三天一圩，每到圩日，乡亲们便三五成群去集市。于是，广西桂林一带，到处都是代销山货和草药的"山货行"。20 世纪 20 年代至抗日战争爆发前，桂林山货店的名字与位置大致如下：廖老水在盐街开设了廖广全山货行，傅老三在盐街开设了傅广全山货行，傅纯武在腰街开设了傅俊记山货行，梁俊民在盐街开设了梁永记山货行，李咏高在盐街开设了李西元山货行，刘禹卿在盐街开设了万全金山货行，扈德馨在定桂门开设了广泰成山货行，刘遵典在腰街开设了洪记山货行，范伟业在定桂门开设了广进行山货行，周俊珊在两湖会馆开设了三合成山货行，蔡云辉在福棠街开设了永昌泰山货行，曾汉记在腰街开设了汉记行山货行，颜子庭在腰街开设了

---

① 林熙春，孙晓村：《南京粮食调查》，社会经济调查所，1935 年版，第 7—11 页。

龙昌祥山货行，麻庭云在定桂门开设了胜云行山货行，隋民安在腰街开设了民安栈山货行，周叔权在盐街开设了周义兴山货行，谭邦荣在定桂门开设了谊泰昌山货行，廖家骥在盐街开设了廖万盛山货行，褚新俸在定桂门开设了谦和泰山货行。①

抗日战争前，安庆县（现在安庆市）牙商开设的粮食行有陆万昌、志人和、陆广昌、同康和、同太和、恒和祥、隆和祥等 40 多家；米行有王义发、王义太、东升、吴裕太、吴盛发、亿丰、茂昌、永丰、三太、维生、同发祥、何永丰等 46 家；棉花行有 30 余家；水果行有 20 多家；竹木行有徐隆和、黄丰茂、黄德记、同兴福、同兴太等 8 家；柴炭行有赵三阳、钰鑫、公记、致和祥等 6 家；船行有鸿顺、大顺等 3 家；车行有 3 家；茶行有吴春祥、丁记、胡记等 6 家；另外牙商还开设了麻行、山货行、土膏行、土纸行、葵扇行、土烟丝行、猪行、鱼行、报关行、花轿行、荐老行、笆斛行和吊脚行等。②

浙江是我国大米的主要产地。1935 年，牙商在硖石镇开设的米行有 64 个，经营种类各异，大致可分为三种：一是大袋行，专做萧、绍两帮的商人生意，规模大，资金充裕，故名"大袋者"，当时每袋折合一石七斗左右，这样的商行有七个，即生大、和顺裕、广顺泰、何永丰、公顺隆、裕生隆及信顺昌。二是小袋行，专门销售本县和邻县的商品，经营规模略小，全镇共有六个：大昌、慎义泰、正大、胜昌、协兴顺和徐永泰。其称为小袋的原因，是每袋只有一石二斗，相比大袋较少。三为乡货行，数量最多，主要经营范围是收购和贩卖当地的货物，这种米行的规模很小，所以硖石米市主要以大袋行和小袋行两类为主。③湖墅的销售者，多从事米捎客和私营牙商，被称为"班线"。这种"班线"，

① 李常光：《桂林山货行简史》，收入在中国人民政治协商会议桂林市委员会文史资料研究委员会：《桂林文史资料》（第 11 辑），未刊，第 163 页。
② 安庆市地方志编纂委员会：《安庆市志》，方志出版社，1997 年版，第 805—806 页。
③ 孙晓村，昂觉民：《浙江粮食调查》，社会经济调查所，1935 年版，第 16—17 页。

湖墅一埠计有 10 多人，"班线"所经营的业务范畴是专门为轮船上的旅客引荐行家，或者替行家引荐船上的旅客。1932 年，湖墅米行共有 11 个，包括万泰春、慎泰、鼎泰、穗济、隆泰等。由于经营状况不佳，半路停业了几个，11 个最终只剩下 5 个还在经营，包括正大、恒大泰记、同裕、同孚、长兴。1933 年又增加了 5 个，分别为大同、长兴诚、恒泰、万泰盈、大丰，后来又增加了鼎昌家。①宁波米行，可以分为两种：一是专营米行，二是兼营米行。专营米行，就是专替客人做生意，自己充当中间人，从中收取佣金（每石 1 角 2 分）。这种米行，一般都是资金不足，没有雄厚的实力，无法自己承担销售亏损。至于兼营米行，那就另当别论了，他们的生意并不局限于替商人买卖，而是从苏皖湖各省走私大米，或者是贩卖大米，再根据市场行情，贩卖于宁、绍两属各个县城。宁波的米行有益和、丰和、益丰等 23 个，其中瑞和、公和、滋生 3 家是专营米行，其他的均为兼营米行，总体年营业额达 80 万石。②

四川省万县过傤铺是当地一家从事进出口贸易的中介机构。根据 1936 年末的数据调查，有 22 名牙商经营着一家桐油铺子，他们的名字和店铺的牌号为：鲁济周开设瑞和过傤铺、郑瀛涛开设裕通过傤铺、吴俊臣开设惠通过傤铺、蒋计生开设云兴祥过傤铺、向寿康开设源昌过傤铺、谭鹏程开设福和永过傤铺、朱北尊开设勤慎过傤铺、姜敦一开设义兴明过傤铺、姚怀之开设德大明过傤铺、骆言书开设元茂和过傤铺、邹晋夫开设复裕过傤铺、吴治平开设万和祥过傤铺、黎仲敏开设安利过傤铺、陆显延开设永辉过傤铺、熊荣增开设殖昌过傤铺、邓勃安开设恒升祥过傤铺、何金安开设庆康过傤铺、刘和生开设同活过傤铺、符晓岚开设福义过傤铺、向美之开设协利过傤铺、罗子钧开设厚昌过傤铺。③

---

① 同上，第 30—32 页。

② 同上，第 100—101 页。

③ 张肖梅：《四川经济参考资料》，中国国民经济研究所，1939 年版，第 12 页。

福建省建瓯县是民国年间闽北地区的重要交通枢纽，也是邻县、邻省各地的商品贸易中心。建瓯县内有各类商号，仅统计在内的就有 52 家粮食行、35 家木行、4 家笋行、70 家香菇行、4 家猪行、66 家土产杂货行、14 家鞭炮行、15 家洋货类（香烟、煤油、火柴）、5 家石灰乌烟行，以上共计 265 家，其余行栈未列入，实际不止此数。一般来说，每个牙行的从业人员都只有两三个人，像周丰记这样的大牙行也就七八个人。还有几家小型的牙行，他们没有客店，只是给人家打打下手。还有一些从小贩、船工等转来的，他们的数量也有 20 个左右。整个城镇，大概有十多个人在干这一行。此外，在乡村地区还有几家牙铺，比如南雅的布行、东峰的笋行、吉阳的菜籽行等。①

广东省郁南的都城镇，位于西江的南边，从贺江一带到西江的距离很近，所以贺江一带的大部分产品都会卖给都城，或者经过都城之后再转卖。20 世纪 30 年代，这里的稻米运输量超过 10 万担。城市里除了批发和零售的中间商之外，所有粮食商分为水面商和平码商。1937 年，都城的水面商和平码商共 10 位。其中水面商 5 位：利成丰（建新路）、和安成（建新路）、西成（民昌路）、荣生（建新路）、胜和（安宁路）；平码商 5 位：和生（建新路）、友兴祥（青云路）、合成恒（建新路）、和盛（安宁路）、晋安（沙街）。广东省贺县运输这类米谷时，大都是从当地水面行输出，托都城平码商代售。②

民国初期，广西南宁的牙商生意兴隆，牙商已发展到 50 多名。由于经营规模不断扩大，到 1927 年时，从事该行业的商户达到了 120 家。③

民国年间，江西省的米谷买卖大多依靠中间人（牙商）引荐，品种繁多，名字也是五花八门。一是正式经纪者，活跃于南昌、樟树、吉安、赣县、徐

---

① 潘芳：《解放前建瓯的牙行货栈》，载中国人民政治协商会议福建省建瓯县委员会文史资料工作组：《建瓯文史资料》（第 9 辑），未刊，第 158—159 页。
② 广西省政府总务处统计室：《广西粮食调查》，1938 年铅印本，第 76 页。
③ 谭津：《南宁经纪行的兴衰及其内幕》，载中国人民政治协商会议南宁市委员会文史资料研究委员会：《南宁文史资料》（第 1 辑），未刊，1988 年，第 31—34 页。

家埠、九江、吴城、湖口、临川、浒湾等处的称粮食行，或称之为粮食行。樟树俗称河行，因为他们贸易往来的对象大多是穿梭于河面上的客商。丰城市有陆尘行，陆尘行和粮食行如果在同一个地域出现，那么往往是粮食行经营米谷交易，陆尘行经营杂粮交易。在鄱阳又称之为六尘行，临川、樟树有谷行，李家渡、上顿渡有牙商，清江之黄主街有米牙谷牙等。就买卖的性质而言，有单独经营大米或谷物的，也有同时经营大米和谷物的，如果有其他杂粮的话也一并经营，甚至还有同时经营石膏、竹笋和纸的粮食行商人。就经营的范围而言，有的经营附近乡镇运来的零散米谷，有的经营来往密切的大宗交易，有的二者都负责经营。在直营买卖中，有几种人的经营方式，与经济学颇为相似。例如丰城谷场的稻商，受粮商和储粮商的委托，代为收购，每一袋谷粒，收取 10 枚铜钱作为佣金；再比如吉安谷场的打样者，每天都要带来一只试制的盘子和竹管来替客商采取样品，从中赚取样谷。吉安谷圩多在郊外，买卖时不用水桶，只需称重，买家每天都要带着秤，非常不方便，于是在散市后他们会把秤暂存在打样人家里保管，每年根据出售的稻米数量，付二千文左右的寄存金。还有像专门在谷场代替坊间收买谷子的代理人，他们不管买多少谷子，都能每年从委托人那里获取一元的酬金。这些人虽然不是经纪人，但他们的职业性质和经纪人很相似，所以时间久了大家对他们的称呼也和经纪人很像。二是非正式经纪者，如南昌、九江、吉安、临川等地称之为私牙，吴城称之为步担行，徐家埠称之为毛狗，樟树称之为帮牙。如果从其组织上来看，可以分成牙行和牙商两类：第一类是粮食行、六尘行、谷行和步担行等，第二类是米谷场之牙商、私牙、毛狗及帮牙等。所谓牙行，指的是个人或个人出资开办，雇佣朋友来共同管理的，其大小比牙商大，以行为基本单位而构成。牙商是独立代理人，除了在合伙企业中交税和借助同一场所经营之外，没有任何雇佣关系，以个体为基础。就拿南昌来说，这座城镇的非正式经纪，也就是私牙，大多都是之前牙商开粮食行时的店员，他们在粮食市场中有丰富的运营经验，对粮食市场的情况也非常熟悉。他们在经营的时候没有固定的场所，有时候在港口附近商议，有时候在各个港口闲逛，没有牙帖和资金，也不能代替客商垫付款项，不负任何经济上的责任，一些贪图便宜的卖家更愿意与他们这些私牙来往。这类私牙在南昌市有 68 人，以陶某为首，由于影响了粮食行招揽生意，粮食行便要求官府查禁，干涉私牙的经营活动，致使两方发生冲突，甚至拿出工具大打出手。不过由于私牙的人口较多，势力也很强劲，粮食行未能阻止其经商。[①]

花生作为河南省历史上出口的大宗货物之一，不仅是油的主要原材料，也是一种重要的化工材料。从 1915 年起，一直到 1923 年，两广商人经常在河南进行采购，通过香港出口到南洋和英美。在每年的旺月（九月下旬到次年二月，共五个月），开封每天向外输送花生 80 到 100 吨。1923 年以后，汴市的对外出口逐渐下降，在旺月时，每日输送量为 100 万到 150 万斤。开封市共有 82 家牙商开设花生行店，包括白塔寺 13 家、黑毛里 20 家、车站南 38 家、西门 5 家、瓷关里 4 家、闸口 2 家。[②]

民国年间，四川省合川县的农贸市场生意兴隆。为方便买卖、易于经营，官府在农庄内设置"官经纪"（有牙帖的牙商）负责协调买卖，鼓励买卖双方采用指定斗具称重，并从中抽取一笔提成。比如大米和粮食的买卖一般在茶楼里进行，有些人会拿着样本去找牙商做生意。1924 年的丝茧官经纪数量为 10 名，1931 年的丝茧官经纪为 30 名；1940 年在柴炭市场设官经纪 14 名，靛市设官经纪 10 名，酒市设官经纪 12 名，粮食业设官经纪 200 名。[③]

[①] 余其心，陈予心：《南昌之粮食行》，《江西农讯》，1935 年第 1 卷第 23 期，第 430—442 页。
[②] 河南省人民政府政策研究室：《关于开封市花生、花生油与油行、花生行的调查》，1949 年 9 月，湖北省档案馆藏，档案号：ZNK—497。
[③] 四川省合川县地方志编纂委员会：《合川县志》，四川人民出版社，1995 年版，第 451 页。

　　自民国以来，重庆各地的牙商陆续开了一些药店。牙商最初开设行与栈各自分立，虽然都做中间商的业务，但行是从牙帖出现后才成立的，栈并不需要牙帖。20世纪30年代，行栈已融为一体，都需要牙帖。重庆从事医药行业的牙商大致可以分成三类。开设广药行栈的牙商以代理进口业务为主；开设土药行栈的牙商以代理出口业务为主；开设零售土药行栈的牙商以零售与本地药铺为主。1934年，有14位牙商设有广药行栈，即泰和永、德与云、义丰和、德丰和、德顺公、益厚长、同新蔚、天厚云、同德云、泰丰永、聚泰恒、聚太生、聚昌和、和济；有24位牙商设有土药行栈，即吉祥云、恒泰公、永世福、源与长、裕通行、谦太隆、聚太祥、集泰合、正泰合、济泰云、吉昌行、谦吉行、鼎丰行、裕成永、祥源、义诚、义太祥、恒丰太、福昌祥、公心长、仁成行、义和昌、蜀兴、瑞昌祥；有2位牙商设有零售广药行栈，即德太隆、正泰隆。[①]

　　我们国家的茶叶历史源远流长。在民国期间，大量牙商从事茶叶贸易，在茶区、茶叶消费市场或茶叶出口处设立了茶馆、茶铺等。根据浙江省茶叶管理局茶业部在1939年的统计显示，全国共有226家茶商在官府注册成立。牙商开办茶铺的资金很不统一，分成六个等级，第一级资金在万元以上的有5个；第二级资金在万元以下五千元以上的有8个；第三级资金在五千元以下千元以上的有33个；第四级资金在千元以下五百元以上的有25个；第五级资本在五百元以下百元以上的有109个；第六级资金在百元以下二十元以上的有46个。纵观整个省的茶叶行当，大部分以百元为单位，这样的茶铺和牙行相比没有什么区别，都是替人做生意，赚取提成，只有极少数资金充裕的茶铺，除了替人做生意还能够自产自销。[②]

① 重庆中国银行：《四川经济丛刊第四种四川省之药材》，中国银行总管理处经济研究室，1934年9月，第89—90页。
② 浙江省油茶棉丝管理处茶业部：《浙江省之茶业统计》，浙江省油茶棉丝管理处茶业部

上海从事茶业的人一般分为两类：

茶栈商：指负责出口茶叶的中间商，游走在茶商和出口洋行之间。在茶叶抵达沪之后，土庄茶（与洋庄相对应）和路庄茶是不能与外国商人直接交易的，必须由茶栈老板引荐，所以茶栈的生意主要是代客买卖，从中赚取一定的提成。根据上海商业银行调查部门的资料，1931 年在上海设有茶栈的有 20 余家。洪味三、洪仲煌开设的洪源永茶栈，陈翊周开设的忠信昌茶栈，朱云卿开设的云和茶栈，沈锦伯开设的同裕泰号茶栈记，胡德乾、汪吟涛开设的乾记茶栈，裘礼仁开设的谦和茶栈，钱子良开设的益隆茶栈，彭志平开设的公升永茶栈，郑镒源开设的源丰润茶栈，卓希伯开设的协恒祥茶栈，沈锦伯开设的新和兴茶栈，陈秉文开设的怡泰茶栈，宁慎安开设的永兴隆茶栈，孙子弗开设的慎源茶栈，汪礼斋开设的仁德永茶栈，翁约初开设的晋泰福茶栈，朱邦贤开设的恒益协记茶栈，梁莫邦开设的永利茶栈，谢蓉卿开设的谦益茶栈。[①]

茶行商：介于茶客与茶厂、店庄、客帮之间的商户，专门介绍毛茶给生意人。它和茶栈商的区别在于，茶栈的生意是出口的，而茶行的生意仅限于国内；茶栈商人卖的是箱茶，而茶行商人卖的是毛茶。1931 年，上海共有 21 家茶行商。李良成开设了慎泰祥茶行，汪爽初开设了共和茶行，金荣章开设了源和成乾记茶行，顾维新开设了维新昌茶行，戴咏沂开设了同泰祥协记茶行，吴楚仁开设了三宜茶行，胡祥枝开设了公泰祥明记茶行，查子元开设了元丰祥茶行，徐蔚琴开设了永福隆茶行，裕丰祥开设了季辉甫茶行，程右泉开设了裕兴隆茶行，吴星垣开设了同顺泰茶行，周光裕开设了泰顺昌茶行，戴世源开设了永发祥茶行，谢树声开设了德泰隆茶行，滕眉涛开设了介福茶行，胡祥枝开设了正大祥茶行，奚春华开设了义泰茶行，沈锦植开设了同裕

印，1939 年，第 8 页。

① 上海商业银行调查部：《上海商业之茶及茶业》，1931 年铅印本，第 102—103 页。

泰茶行，陈文波开设了泰和昌茶行，丁家英开设了兴昌盛茶行。[①]

20世纪30年代，杭州共有18家牙商开办茶行。隆记兴茶行由贝浩然开办，永大茶行由王乃冠开办，公顺茶行由杨卓安开办，同春兴记茶行由吴达甫开办，全泰昌茶行由方冠三开办，源记茶行由莫五臣开办，庄源润茶行由庄筱桥开办，保泰茶行由方甸农开办，吴钦记茶行由吴耀昌开办，翁月龙茶行由翁健行开办，龙章茶行由戚健行开办，鼎丰茶行由戚元甫开办，翁启龙茶行由翁念赐开办，沈荣祯茶行由沈相柏开办，应公兴茶行由应宝昌开办，同春和记茶行由何裕鑫开办，裕泰茶行由冯子岩开办，德昌茶行由程菊芬开办。[②]

平水茶区存在着这样一种牙行团体：牙行介于茶商和茶农中间，通过代理销售茶叶收取一定的提成。这种牙行遍及全国，但以茶叶见长的，只有新昌的儒岱、镜岭镇和大市聚等，其他地方大都把茶叶视为附带经营的货品，一年最多三五千担，少的时候也就十数担，这种情况常见于新昌。在20世纪30年代，平水茶区共有48家茶行开业。[③]

北京市的蔬菜市场是通过中介机构进行市场营销的。民国之初，全国共有菜牙行76个；到了民国末期，仅剩39个，从业者770多名。

1948年，中华民国农业部门对汉口市开设的牙行做了一次调查，发现有87家牙商开设鱼行。

当然，这仅仅是官方登记在册的牙商数目，还有一些未曾登记的，经常被称为私牙、散牙等，这些人究竟有几个？没有人知道。以湖北省为例子，1933年，湖北省财政部门的数据显示："就鄂省现有长期牙商论，不足一万

---

① 上海商业银行调查部：《上海商业之茶及茶业》，1931年铅印本，第102—103页。
② 浙江省茶叶志编纂委员会：《浙江省茶叶志》，浙江人民出版社，2005年版，第918页。
③ 中国第二历史档案馆：《中华民国史档案资料汇编》（第5辑），江苏古籍出版社，1994年版，第950—952页。

户。而小本经纪之未经领帖者当有十倍之数。"据统计，当时湖北各省的牙商在省内拥有营业执照的人数大约为一万人，而在没有取得许可证的中小型城镇，大概有十万家以上的"小行"。①

湖南省岳阳是一个物产资源丰富的地方，它的水路运输非常方便，集市非常发达，除了当地的商人之外，还有武汉、长沙、南京和广州的商人到这里做生意。岳阳商贸发展迅速，做牙商生意的人也越来越多。抗日战争前，岳阳仅有 30 余个牙行，从业者不足 400 名；从抗战到新中国成立前，牙行增加至 60 余家，从业者达 700 人以上。②

1915 年，位于江苏省铜山县（今徐州市铜山区）的陇海线铁路徐井段通车，1925 年，陇海线铁路徐海段通车，铜山工业、商贸、丝织、毛纺、毛纺、鞋帽、钟表、五金、瓷器、金银首饰、典当等行业迎来了蓬勃发展。牙商随之出现，逐步开办粮食行、牛行、木行、面行、土布行、鲜果行、炭行等，遍布农村市场。③

广东省梅州镇的"掮客"，俗称"中人"。梅州镇的"过傤行"比较多，以代商人买卖为主，买卖的商品按照交易价格从中扣取佣金。根据相关文献记载，梅州镇的经济业在 1942 年和 1943 年两年里达到了鼎盛期。此时，在梅州镇开设"过傤行"的有数十个，行商有百余个。涉及货物有粮食、油豆、京果、百货、纱布、烟纸、烟叶、香料、金银、外币、贷款、牲畜、鸡蛋、水果等。在"中人"的帮助下，商品交易结束后，买家和卖家通常会支付 1% 的"扣佣"作为佣金，也有少数客户会从一方（买家或卖家）那里扣除佣金，但如果是数额较大的贷款、金银和外币，佣金一般比较低。按照当时的货币

---

① 湖北省地方志编纂委员会：《湖北省志资料选编》第 3 辑，未刊，1984 年，第 117 页。
② 朱远操：《岳阳牙行业》，载中国人民政治协商会议湖南省岳阳市委员会文史资料委员会：《岳阳文史》（第 9 辑），未刊，1995 年，第 161 页。
③ 靖建国：《铜山牙税史话》，载政协铜山县文史委员会铜山县税务局：《铜山文史资料》（第 9 辑），未刊，1989 年，第 17—18 页。

数额来看，那时牙商每天的营业额大概有三至五万元，甚至能多达十几万元、上百万元。①

由此可以看出，在民国时期，牙商数量多、规模大，随着市场的扩大，牙商也从个人变成了一个庞大的团体，他们不但在外销领域十分活跃，而且会频繁出现在国内销售繁荣地区、土特产集散地、民族贸易繁荣区或运输相对便利的区域，有时也在某些商品贸易发达的城市或集贸市场附近活动，甚至活跃在乡村田地，把中介服务推向乡村和集市。

---

① 欧阳英：《建国（新中国成立）前梅城经纪业》，收入中国人民政治协商会议广东省梅州市委员会文史资料委员会：《梅州文史》第4辑，未刊，1990年，第187页。

第三节　牙商的从业空间

民国期间，由于牙商的经营范围扩大、数目增多，工作场所也日益密集，牙商的职业市场逐步成型。有些经营类似商品的牙商都聚集在一起，这样可以方便买家和卖家找到中间人，也方便牙商相互之间进行交易。

在广西，涉及粮食的牙商通常被称作"平码商"，所开的商行叫作经纪行、平玛行或九八行。因为它主要是为了介绍买卖双方进行贸易，所以大多建在交通便利的地方，尤其是在河边。最初大多是简单搭建，或者直接在河旁沙滩上搭建一座小房子，后来建立了新的砖房，逐渐变成集市。南宁仁爱路紧邻河流，运输方便、交通便利，正是经纪行的聚集地。南宁牙商所设的经销店可分成两种：一种是平码行，专门销售从下游进口的杂货类商品；另一种是经纪行，专门向上游及周边地区销售农业和林业产品。这两种商行收取买卖双方 2% 的佣金，因此也叫"九八行"。通过运河运输的稻米，大多是从上游及邻近下游运输而来的，所以代理牙商都在经纪行。1937 年，经纪行同时经营稻米的有 19 家，他们的铺号名称和地址如下：远孚（仁爱路）、同和（仁爱路）、启生（仁爱路）、永和祥（仁爱路）、修德（仁爱路）、永益（仁爱路）、福保（仁爱路）、天益（仁爱路）、义栈（仁爱路）、丰栈（仁爱路）、恒安（仁爱路）、安德（仁爱路）、安记（仁爱路）、庆和（仁爱路）、广和（仁爱路）、李福兴（仁爱路）、马阿茂（民生路）、陈荣发（豆腐街）安昌行（未详）。[1]南宁的中介行和外省的商贾都有业务关系，与上河各大商行或船队也有联系，他们把南宁的价格表送到各个港口，由各家商会按一定的价格收购。

---

[1] 广西省政府总务处统计室：《广西粮食调查》，1938 年铅印本，第 81 页。

仁爱路是南宁的一条重要的交通要道。仁爱路，最初称三元阁、渡船口、盐行街、木行街，从 1934 年 8 月起开始修缮，一直到 1937 年 2 月才完工。南宁的批发商、经纪行多在这条街道中部，他们为上海、广州、香港的商人批发商品，还销售附近江河一带的特产。他们的资金和消息都很发达，和国外的商人也有很密切的联系。在业务上，经纪行除了替商户做生意之外，还会根据市场的波动来买入和出售。经纪行一般都在商店内部开设小型仓库，替客人存放物品，并配备房间供客人食宿。每天早午两市，都有行庄营业，其中以阜市最是繁华。八九点钟，各行庄的掌柜、商人、"九八仔"等聚集在仁爱路，互相攀谈，窃窃私语，秘密商谈、议价，海味杂货、棉纱布匹、中西药材、五金建材、纸张等应有尽有。仁爱路可谓是南宁市集商品余缺、价格波动于一体的一条商业轴心街，受到广州和香港两个市场的操控，价格波动主要受香港市场的影响。①

　　湖南省许多地区的牙商都有聚集经营的习惯，集中在运输方便、人流密集的地区。常德城里，大河街上聚集了许多杂粮食行，小河街上聚集了许多柴炭行，鱼行大多设立在大河街上，米行大多设立在潮宗街，油盐行大多设立在大西门，煤栈行多设立在校厂坪，船行大多设立在大小西门一带，箩行大多设立在城郊岸边码头。沅江县的草尾牙行在 1921 年便出现了，最初仅有恒胜、大福等五六个，随着农业的发展，苎麻、棉花、稻谷都有了销路，外来商人纷纷来到了这里，牙商的生意逐渐兴隆。牙商大都选择在交通便利、商户云集的区域，那时，从滨河街到小闸口，都是商贩聚集的地方。②

　　广西梧州的牙商与南宁地区一样，设立牙行时通常都较为集中，如今的沙街，就是梧州民国年间的平码行。柳州市的平码商，基本都是为卖方服务

---

① 杨德辉：《南宁之最》，广西民族出版社，2003 年版，第 182 页。
② 彭迪祥：《沅江牙行史话》，收入在中国人民政治协商会议湖南省沅江县委员会文史资料研究委员会：《沅江文史资料》（第 1 辑），未刊，1984 年，第 132 页。

的，他们所经营的商品不局限于米谷，涵盖广西很多大宗商品，例如桐油、茶油、生油、米、麦、糖、豆等，还有棉纱、食料等外来商品。经营米谷的牙商通常是兼营，他们还会负责进口的棉花或盐，出口的油、糖和豆类等等。1937年，柳州市共有21个平码商，主要分布在如今为柳江路的沙街。

1931年之前，柳州沙街还是一条临江街道。1935年重建为水泥路面，街道面积也随之扩展。许多本地人、广东人、湖南人都在这里开办牙行。柳州的商人，如果不在沙街开设牙行，那么就很难摸清当时市场的情况，也很少能得到好的货物。沙街是柳州的集市，沙街的商人们几乎操控着柳州的经济[①]。

福清是闽中最大的水产市场。中华人民共和国成立初期，鱼牙在福清县城共开办18间商铺。从后埔街到官驿巷，沿路两边的商铺分别是：长兴、协和、春顺、长顺、协远、振丰、源盛、隆盛、瑞发、鼎源、恒兴、兴盛、源来、森兴、乾顺、盛兴、通盛、长时。福清城里最热闹的街道便是开设众多鱼牙行的街道。[②]

福州大部分的鱼牙行都在中亭街，这是一条沿着福州万寿桥和沙合桥河道两岸形成的类似于大坝的道路。在中亭街，有二三十个牙商开的鱼牙行。1938年，官府欲将鱼牙行迁至河畔，但因生意往来不畅未能如愿，最终，这批牙行仍在中亭街开设并经营。此外，在民国期间，福州达道河的河畔因运输方便、船只往来频繁被称为"街四牙行"。邻近的乡亲把各个季节的新鲜瓜果和各种农产品都输送到达道河畔的番薯牙行、水果牙行、花生牙行和猪仔牙行进行交易。此外，牙商最多的地方还有西门街、下道、义洲的鹅团牙（由于经营鹅团的牙商较多，所以称之为鹅团牙）。福州《北京路引》中有

[①] 韦晓萍、罗怡林、陈瑞达：《记解放前柳州的经纪行》，载入柳北区政协文史组：《柳州文史资料》（第1辑），未刊，1986年，第15页。

[②] 郑添恩：《福清鱼牙见闻》，载福清县文史资料工作委员会：《福清文史资料》（第6辑），未刊，1987年，第98页。

一些传世佳句，即"西门半街卖水果""小桥右边摆青果"和"中亭街鱼货两边摆"等。[1]

青海省湟源县位于西宁市40多公里处，素有"海藏咽喉""茶马商都"之称。在民国时代，这里的民族商贸非常发达，被称为"小北京"。它的地标就是丹城的一条古街，这条古街是青海省历史上仅存的一条皮草交易市场。每到秋天和冬天，牧人都会前来进行售卖，外国和大陆的商人也会聚集在此做畜牧生意，其中就有牦牛、骆驼、牛、羊和部分毛制品。因语言不通，加上畜牧产品的特殊性，交易很难进行，需要精通当地语言、了解当地畜牧产品的牙商做中间人，于是牙商便以中间商的身份活跃在丹城老街。民国初期，丹城老街有十多个牙行，其中有四十多个专职的牙行，涉及牛羊行、牲畜行、骡马行、裘皮行、羊毛秤行、水果行、斗面行、山货行、鱼行、青油行、煤炭行等。[2]

济南牙商所设的牙行多位于商埠一带，因其邻近津埠、胶济两线，是出棉之港，所以济南牙行便成为棉纺行业的骨干成员，所有的业务都集中在这里。

民国时期，安庆牙商所经营的棉铺均以柴家巷（今程良路）、四眼井、五巷口、大巷口、小巷口、同安门、同安桥、古牌楼、盐店巷为中心。这是因为招商局的轮渡码头位于柴家巷口的江边，与西门的外河街相邻，因此，轮船运输非常方便。此外，靠近市中心的产棉区，每日都借助渡轮或江河上的民船运来棉絮，散布在西门的操江场、大巷口等江岸港口上，以便于装卸。所以，棉花牙商开设的棉花行全部都在西门外河街一带。[3]

民国年间，浙江省余姚县市场发展十分迅猛，遍布全国各地，因而在市

---

[1] 郑添恩：《福清鱼牙见闻》，收入在政协福清县文史资料工作委员会：《福清文史资料》（第六辑），未刊，1987年，第98页。

[2] 任玉贵：《环湖茶马互市的沿革与地域发展》，载《柴达木开发研究》，2011年第3期，第55页。

[3] 徐锦文：《安庆的牙行概况》，收入中国民主建国会安庆市委员会安庆市工商业联合会：《安庆文史资料第14辑工商经济史料专辑（2）》，第12页。

场上有了一定口碑，在牙行铺子中也有了特定的场所。城区有：南城北西门内东侧的鱼行，在泥湾南口和武胜门内的木棉行，在批坡桥的米行，在北城澄清门外杜家路的鸡期行，在公馆前的羊行，在澄清门外的布行，在江南直街的笋行等。随着时间推移，市场上的牙行越来越多，一些以商业命名的道路也随之产生，如江南的笋行弄、牌轩下的鹅行街、陈家墙前的柴行街等。[①]

在北京市，有 8 家蔬菜市场，有 3 家是长年经营的，分别在南市、东市、西市。南市也叫广安菜市，位于菜市口一带，这里有 15 位牙商开设菜行，丰台附近的菜农都会在这里进行买卖。东市亦称为天桥菜市，坐落在天桥东市场的最南头，现为天坛公园西门北侧的自然博物馆一带，这里有 8 位牙商开设菜行，南苑、小红门等南城一带的蔬菜种植户都在这里进行买卖。西市又称为阜成门菜市，现为阜成门外南礼士路以北，这里有 5 至 8 位牙商开设菜行，双槐树、梁家店等地的菜农都会在这里进行买卖。因季节交替而变动的菜市一共有 5 个，他们只在青菜种植的高峰期才开放营业，即每年的 4 月至 9 月。西直门外的西直门菜市，有 4 至 6 位牙商开设菜行，海淀、蓝靛厂等地的菜农都会来这里做生意；安定门菜市、德胜门菜市，各有 1 家菜行开设，清河、北苑等地的菜农会到此买卖；东直门菜市场、朝阳门市场，各有 1 家菜行开设，东坝、大黄庄等地的菜农都在这两个地方做生意。[②]

民国年间，河南周口镇有百余家粮食行，也就是所谓的"坊"。为方便管理，牙行以"集中型"的形式开设，大部分店铺都是聚集在一块，因此在周口镇只有四个专门的坊子街集市。坊子街最大的集市是由南坊子街、西坊子街组成的河南坊子街。西坊子街包括徐勉五、王应怀、赵家、史家等六七十位牙商开设的坊子；南坊子街包括赵希贤、梁洪等三十多位牙商

① 诸焕灿：《旧时姚城的集市商行》，收入余姚市政协文史资料委员会，余姚市政协财贸委员会：《工商经济史料选辑余姚文史资料》（第 15 辑），未刊，1998 年，第 25—26 页。
② 娄学熙：《北平市工商业概况·菜业》，《北平市政统计（月刊）》，1947 年 6 月。

开设的坊子。其次，还有河北坊子街市场，规模相较于河南坊子街市场略小。再次是河西的前坊子街，规模最小的是后坊子街。此外，还有大通、像康、协丰等七八家较大的牙行，大多集中在河南新街附近，虽然离闹市稍远，但做的却都是大宗粮食交易，动辄几十石、几百石，具有一定的垄断性质。[①]

在武汉，牙商领取牙帖后开设的牙行被称为行栈，行栈大多开设在农村和农村集市上，负责协商买卖双方，从中收取提成，是"不可缺少"的行当。夏口镇的行栈属于"中等规模"，大都位于汉正街和沿河大街上。在汉正街，有一家专门经营粮食、生猪、瓜果蔬菜、鲜鱼、药材、山货等商品的商店。牙商通常都是只充当中间人，"行不吃货"成为牙商的规矩。他们的收入，大多来自提成，也就是所谓的雇佣收入。比如一张黄狼皮的买卖，交易完成后，可以抽取3%的提成。因此，人们开玩笑说，牙商就是"双肩抬一张嘴"。粮食行大多位于杨家河到研口河畔，邓隆盛、肖丰祥就是研口有名的商户，进出口贸易量极大，获利较多。"打住记""缝包"两个牙行依附于粮食行，运粮的人来了，打住记的人就开始搬运，而缝包的人就开始做针线活。牛皮行、山货行比粮食行要小得多，都在汉口一带，比如蒋元顺、喻三盛、公盛等。沈家庙聚集了不少的药材行，因此也被称为药帮巷。生猪行最有名的是曾义兴。此外，汉正街沿河还有石膏帮，集中开展石膏生意，包括陈森记、汪恒隆等。[②]

为了方便货物运输，汉口的牙商在港口附近设立了大量的粮食行。20世纪20年代前，汉口地区的粮食行分布于三大地带：关圣柯地区为上层，五圣

---

① 中国人民政治协商会议周口市委员会文史资料委员会：《周口文史资料》（第10辑），未刊，1993年，第48页。

② 蒋明璧：《昔日汉正街》，收入湖北省委员会文史资料委员会：《湖北文史集粹》，湖北人民出版社，1999年版，第824页。

庙到石码头地区为中间地带，新码头地区为下层。自 20 世纪 20 年代起，粮食行便不再局限于在码头附近设立，开始遍布各个地区，牙商的生意也逐渐多样化，但主要分为两大类：火车行和黄陂行。火车行位于桥的出口处，靠近中转站，专门销售从铁路上运来的粮食；黄陂行的客商则大都是黄陂人，专门买卖从黄陂运来的货物。[①]

为了方便货物的运输，汉阳县和汉阳蔡甸镇的牙商往往会在附近的道路上开店。汉阳县城区内的牙行，大多以沿襄河为中心。其中桐油行有 4 家，有名的有大顺、乾泰等；米行 20 家，如万太新、叶和盛等，集中在沈家咀；杂粮食行 20 家，如万祥振、永和茂等，集中在杨家河；山货行大多集中在沈家咀，包括药材、牛皮、瓜子、枣子、黄花菜、木耳、汤粉、杂皮、猪鬃、草绳、土纸、莲子、油漆、篾货、黄白腊等。长江和襄河附近多为猪行，1945 年抗战胜利后，像永昌祥、义和祥等猪行有 28 家。棉花行多集中在汉口集稼咀，但棉花进港后均堆放在汉阳杨家河。[②]蔡甸镇交通较为便利，牙商纷纷在此开设行栈，其中包括：郭立昌、梁公兴等谷米行 7 家，陈元享、肖义盛等山货行 6 家，王海运、汪毛根、陈德炳等柴行 5 家，郭花子、汪菊堂等渔行 8 家，姚宏茂、易生茂等杂粮食行 11 家，张正、龚万源等猪行 2 家，鲁老五和、龚瞎子等牛行 2 家，蔡协臣、肖国玉、肖义盛等瓜菜行多家。

浙江省硖石镇买卖米谷的牙商开办的米行，都依河而建，故硖石镇以米市为名，沿江而上，常有船只停靠。

江南菱湖镇出产丝绸，这里的牙行大多都位于交通运输便利的东栅市河和斜桥市河，这里既方便让四方的船只进出，又方便把船只从菱湖运到杭州、上海等地。

---

① 即明：《阳夏粮食行之习惯及其各部开设之行数》，《银行杂志》，1924 年，第 1 卷第 16 期，第 56—58 页。

② 汉阳县商业志编委会：《汉阳县商业志》，内部资料，1987 年，第 31—33 页。

民国年间，位于江苏南通的二甲镇，牙商经营的粮食行大多集中在现头山坡地区，以刘祥记为主，魏久开设的魏大顺，王德兴、王德龙开设的王大顺，赵二开设的赵仁记，郑吉庆开设的郑吉记等。1931 年之后，粮食行又有了新的发展，发展比较好的是丁志枝所开设的丁真记粮食店，位于坝头以北；此外还有许瑞基开设的许恒兴，刘维翰开设的对偏记，陆桂芬开设的陆芬记等。这几家都建在坝口，买卖方便。抗战开始后，日本占领了南通，二甲镇因为地处独特的地理环境，所以比其他地区要安全得多，而且从这里向东可以经过青龙港直达上海，南通和附近城市的商人都到这里经商，里下河一带到南通、唐闸买卖粮食的也会到二甲镇。抗战期间，二甲镇的粮食业蒸蒸日上，镇上有五六十个大大小小的粮食行。较大的行里，除了上述几家老字号之外，就是刘复庆经营的"太隆"、董长圣开设的复兴盛、严五和刘四开设的九禾等。此外，还有南顺记、南庆记、庆记栈、北顺记、德泰恒、庆源祥等，这些粮食行大部分都位于坝头区，因此坝头成了全国粮食交易最为繁盛的地区之一。[①]

江西省的粮食行为了"取其便于接洽搬运，多靠近河边"，这些粮食行的地理位置相对固定。南昌市粮食行主要位于三个地区：进贤门外三角塘将军渡、广掏外浮桥头明谷厂、章江门外文孝庙一带。从表面上看，各牙商经营的粮食行没有营业区域的限制，可以随意进行贸易往来，也可以随意进出，然而实际上，他们都有自己的地盘，粮食行之间不会互相侵占生意。通常来说，广润门外各粮食行会经营吉安、赣县等地的粮食；进贤门外各粮食行会经营临川、南丰、丰城等地的粮食；章江门外各粮食行会经营吴城、都昌等地的粮食。各个地市的来往船只都停靠在相应的码头，粮食行和附近码头的粮船只接待固定的粮商，久而久之便达成默契，形成了其他商户难以插足的

---

① 中国人民政治协商会议江苏省南通县委员会文史资料研究委员会：《南通县文史资料第3 辑》，内部资料，1988 年，第 36 页。

贸易关系。其中，都昌县的交通主要依靠水运，当地牙商会选择在鄱阳湖沿岸聚集并设立牙行，方便粮食交易。[①]

1931年，浙江省杭州市共有149家中间商在不同产业内设立统一的业务场所。水果鱼行分布于湖墅一带，营业额较大；地货小菜行分布于清泰门外及太平门外一带，营业额较小；鸭行分布于太平桥一带，共有14家，开设者为湖南、湖北、绍兴、江苏、安徽及本地人，势力均衡，鸭行生产的商品基本都会送往当地菜馆、酱鸭店及羊肉店；牛行开设在六和塔畔钱塘江岸一带，主要有丁金生、韩庆福两家。[②]

总之，由于牙商贸易往来频繁，在很多区域和市场常常采用集中型的组织形式开展经营活动，因而形成了许多极具特色的"牙行""行栈"聚集的街巷。

① 于纯一：《行市贸易》，载政协都昌县委员会文史资料研究委员会：《都昌文史资料》（第4辑），未刊，1992年，第115页。
② 民国浙江史研究中心，杭州师范大学：《民国浙江史料辑刊第一辑7》，国家图书馆出版社，2008年版，第61—66页。

第五章　牙商的社会特征

在民国时期的中国社会，牙商阶层以其独特的社会特征成为了商业活动中的显著群体。这个时期的牙商不仅仅是商人，更是在经济、政治和文化领域扮演着重要角色的社会集团。他们的社会特征不仅反映了当时商业环境的变化，也影响了民国社会的发展轨迹。

第一节　牙商的构成

在民国之前,牙商基本是"地主恶霸,或流氓无赖之徒","衙门胥役,多有更名捏姓,兼充牙行者"或者一些由"地方棍徒"充当的"私牙"。[①]民国期间,由于牙商的人数较多,所以他们的组成结构也发生了变化。这些人当中,有放弃政治从商的官吏,也有剥削人民的地主;有资金充裕的资本家,也有一无所有的穷苦百姓和失业人员;有旧式教育下的商人和学徒,也有受过新式教育的知识分子;有半官半商的代表,也有半农半商的典型。

一、官僚、资本家出身的牙商

在"农本商末"的影响下,传统社会存在着不同程度的"抑商"和"贱商",而与之相对应的是现代的重商思想。自民国时期起,"重农抑商""学而优则仕"等传统思想便日渐淡化,放弃仕途去做生意的人比比皆是,因此,商业上的人才开始层出不穷。

有些牙商来自官僚家族。比如,直隶丰润县胥各庄恒丰铺子的创办人张锦荣,曾经是丰润县的副县长。天津同顺永斗铺子是一家主要经营粮食的牙行,其出资人刘壬三是著名的官吏,曾经是吉林省的财政厅厅长、吉林省官银号的总经理,也是宁河县的头号官僚资本家。刘壬三在宁河及周边的地域有大量的土地,并在芦台开办了一间粮食行——会发粮栈。再比如,抗战期间山西晋城的商贸发展达到了鼎盛时期,鲁豫通货栈基本是晋城商贸的中心

① 李华:《明清以来北京工商会馆碑刻选编》,文物出版社,1980年版,第35页。

枢纽，这家行栈是在 1930 年由牙商尚广霖开办的，尚广霖是山西省晋城市泽州县南坪人，清朝末年的进士，曾是官府派遣到日本的第三批留学生之一，"归国后任山西武备学堂总教官，后回故里，弃政经商"[1]，创办了一间牙行，是典型的官僚资本牙商。又如 1927 年曾在河北省张北县衙当差的牙商孙老六，他当时召集了六十余人在张北县府西北角落组成了马桥，也属于官僚资本牙商。

有些半官半商的资本家也是牙行的商人。1920 年，山东济南的苗世德创办了同聚长。五四运动期间，苗世德就成为商界的典型代表，还被推举为济南各界评议会的理事，参与了基督教青年联合会组织的活动，创立了《大民主报》。1920 年，黄河北部发生了一场严重的干旱，济南商人成立了一个救济委员会，苗世德就是委员会的其中一员，并且负责整个车运处。苗世德还有个堂叔兄弟，叫苗杏村，在济南开了一家恒聚成粮栈，靠捐资在督办公署获取了咨议一职。

牙商的来源广泛，涵盖村长、里长等人。曾经有过这样一项调查：1920 年之前，河北濮阳某村的村务由老派知识分子、族长、地主等有权势的人掌握，那个时候的商人都是穷人，加起来也不过十个而已，没有任何身份地位。后来，由于商品经济的发展，几乎所有的地主、富农和知识分子都成了花生行和小盐行的老板，所以 1935 年左右的村长、里长，80%以上都是花生行、枣行、盐行的东家、小股东及代理人。他们既是乡村行政的负责人，又是花生、枣、盐的收买者、放款人和售卖者。久而久之，该村的村务管理场所由秀才、举人及各大家族首领的宅第，转移到地主、商人、高利贷人组成的三合一店铺。从此项乡村调研可以看出，牙商崛起后，逐渐获取丰厚利益，当初看不起牙商的村长、里长们也会为了利益逐渐开设花生、枣、盐等牙行。

大部分牙商都是资本家，特别是一些设立在沿海地域的大型牙行，这些

① 晋城市政协：《晋商史料全览·晋城卷》，山西人民出版社，2006 年版，第 288 页。

牙行的创立者通常都拥有充裕的资本，身份多为金融、官僚和商业资本家。

在山西省，一部分较为成功的牙商都是由资本家转型而来的，这些资本家在明清两代便以开商铺、钱庄为业。例如，山西省太谷县北洸村的曹姓家族，以经营钱庄、典当行发家，自明清以来一直是山西著名的经商家族，自明朝洪武时期创立，到1930年左右才日趋衰落，历经700多年，涉及数十个产业，业务范围遍及全国，后来又延伸到日本、蒙古、俄国一带，可以说是山西为数不多的资本家、大地主。曹家人在山西省经营的牙行有：太谷锦生蔚（杂货行）、祁县东关的济元昌（粮食店）、山西榆次的广聚花店（棉花店）等。其皆为集钱庄、典当、粮食行、烧锅、食品厂等各行各业为一体的牙行。卢沟桥事变之前，山西十大钱粮食行（庄家）有：保丰成（集资，掌柜王昌玉）、日升厚（股东胡振卿，掌柜李佩绅）、遇顺源（集资，掌柜范乾元）、永全恒（股东全二宅，掌柜阎子祥）、信义隆（集资，掌柜王子明）、广泰长（集资，掌柜李正旺）、公益成（集资，掌柜乔本德）、义兴号（集资，掌柜林某）、严裕公（集资，掌柜刘某）、瑞庆长（股东蔚县人，掌柜李世恩）。[1]以上钱粮食行都在中心街设立了数家行庄，负责粮食的买卖、京津的贸易以及外汇和贷款交易。又譬如1931年，天津达孚货行的五位股东中，有三个是金融界的资本家：北京盐行银行副经理王绍贤、天津大中银行的王元书和朱亦奇。[2]

牙商来源占比较多的还有商业资本家。例如1918年，山东济宁的东昌隆杂货铺，是由资本家韩明轩出资6000元创办的；山西省曲沃县德盛泉是由一位商业资本家出资8万元创办的。河北辛集的商人们开办了许多皮具商店（皮

① 王维本：《芦（卢）沟桥事变前涿鹿城工商业概况》，载政协河北省涿鹿县委员会文史资料征集委员会：《涿鹿文史资料》（第3辑），未刊，1990年，第1—2页。
② 政协天津市委员会文史资料研究委员会：《天津文史资料选辑》（第52辑），天津人民出版社，1990年版，第143页。

货行），包括：同茂皮店、聚源皮店、华太皮店、同州皮店、万生皮店、德全皮店、天裕皮店、恒通皮店、泰记皮店、水昌皮店、大通皮店、荣昌皮店、同德成皮店、贾记皮店、开吉皮店、开泰皮店、太昌皮店、志诚皮店、同昌皮店、万和皮店、义生祥皮店，其中同德成皮店的开设资本是 10 万元。[①]邢台皮店可分为大、中、小三类，都属于商业资本家开办的范畴，其中大型皮店拥有资金超过 15 万元，从业人员大概 20 人，外派商贩 50 余人；中型皮店拥有资金超过 4 万元，从业人员大概 10 余人，外派商贩 30 余人；小型皮店拥有资金 1～2 万元，从业人员 5 人左右，外派商贩 20 余人。以上三类皮店里中型皮店较多，约占 70%，大、小型皮店各占 15%左右。[②]在所有开设皮店的牙商中，有钱有势的数不胜数，比如在河北省邢台县崔路村有个村民叫刘学道，他就在邢台开办了七八家皮具店，每间皮具店的投资都超过一百万元。再比如天津有一家叫作"牙行启泰"的代理杂粮食行，股东之一李树棠是中法合办仪兴轮船公司副经理；另一位股东叫张玉庆，拥有煤炭行、汽车行以及玉庆里、玉庆东里等大量房产。又如河北省丰润县的商人翟东选，他在胥各庄开设了恒丰和东城货栈，资金充裕[③]。

二、地主、富农、绅士出身的牙商

华北各县城及农村市场中，绝大多数牙商都是富农、贵族或地主，因为他们拥有大量的土地和粮食，有能力在商业上进行投资，而普通人想要创办牙行做生意，必须要依靠一位有钱的老板，或者一位有能力、能说会道的人

---

① 王登普：《辛集皮毛志》，中国书籍出版社，1996 年版，第 51 页。
② 张树林、杨洪超、刘延思：《邢台皮毛业的兴衰》，见河北省政协文史资料委员会：《河北文史集萃》（经济卷），河北人民出版社，1992 年版，128 页。
③ 政协河北省唐山市委员会教科文工作委员会：《唐山文史资料》（第 6 辑），未刊，1989年，第 37—38 页。

来替自己的牙行招揽生意。

河南商城县的粮食行经营者也多为当时的官吏、地主、富绅，他们在政治上都有一定的影响力，无论权势大小，都是有后台的人。河南浚县解放后，农村的粮食行多为有钱的地主豪绅开办："县城北街'德和粮食行'是周口姓王的大财主，王某与大土匪扈全录有亲戚关系；屯子集'德合粮坊'由镇长开办；钜桥'协和粮食行'主人同扈全录是换帖朋友；小河集大地主马某，有土地 10 余顷，又开办粮食行。他们既有财力，又有后台，垄断了城乡粮食市场。"①在河北赵县开办棉花行的有东晏头陈家、西河宋家、西门翟家、西卜庄任家，都是拥有数百亩土地的富户。在河北省安国县开设药行的卜氏是一位颇有名气的地主，当年"十三帮"和"五大会"到安国的时候，基本都选择由卜家来收购和销售；在我国历史上，河南省卫辉县的粮食行大多也是有头有脸的人物；河南省尉氏县蔡庄镇的朱学斌先生在尉氏蔡庄镇和南席镇分别开了一家粮食行；河北省丰润县豪绅王赤峰在胥各庄开设了一家替客商经营的行栈②。

三、知识分子出身的牙商

伴随着牙商的兴起和发展，部分文人也从"士、农、工、商"的桎梏中解脱出来，投身于牙商的行列，这种事在民国之前简直无法想象。

比如天津启泰栈从事杂货贸易的屈秀章，是天津新学学院的学生；傅淳熙是河北省立水产专科学校的主任，原名傅同乐。

1940 年，在《天津粮食牙行（斗店）业同业公会职员名册》上记录了 23

---

① 浚县粮食局：《浚县粮食志》，中州古籍出版社，1995 年版，第 19—120 页。
② 朱继经：《兴旺发达的胥各庄货栈业》，载政协河北省唐山市委员会教科文工作委员会：《唐山文史资料》（第 6 辑），未刊，1989 年，第 38 页。

个成员的教育情况。其中同孚新斗店的店员刘耘青接受过大学教育，充分体现了知识分子对牙行生意的支持；万春斗店的经理王子承、同孚新斗店的店员孙渔舫、同顺永斗店的总经理宋子香、同孚新斗店的经理王玉衡、瑞隆祥斗店的店员刘子玉 5 人接受过中学教育；万春斗店的店员崔建勋、万春斗店的店员崔嵩泉、同顺永斗店的店员徐子贞、同顺永斗店的店员杨福田、华丰裕斗店的店员金孝先 5 人接受过小学教育；同顺永斗店的经理赵锡三、华丰裕斗店的经理孔瑞卿、怡和斗店的店员王泽民、怡和斗店的店员宋锡卿、万春斗店的店员宁墨林、同孚新斗店的店员周进唐、华丰裕斗店的店员张灿如、华丰裕斗店的店员刘绍田、怡和斗店的经理张瀛洲、怡和斗店的总经理于显连、瑞隆祥斗店的经理孙恩泰、义成号斗店的经理王凤鸣 12 人接受过民塾教育。[①]

在牙行做生意的也有来自国外的学生。例如：1913 年，从日本东京帝国商学专业毕业的韩哲武回国后，与同窗叶剑星共同创办了天津交通货栈。

四、农民出身的牙商

在牙商中，有一些因为贫穷而不得不经商的农民，他们靠勤劳致富实现阶级跨越，比如在山东烟台开办全兴义鱼行的牙商孙宝泉。

山东烟台紧邻渤海，每逢春天，各种鱼类和小虾都会涌向烟台海岸，所以烟台聚集了大量渔民从事捕鱼这个行业。在烟台，有大小鱼行 100 余家，全兴义鱼行是当时五大鱼行之一，其创始人孙宝泉是山东乳山县崖子村的一位村民，由于家庭贫困到烟台打工，整日扛着篮子在街上闲逛，靠卖鱼为生，后来与孙彤臣（二人同村，到烟台打工，没有住所）及另外一位失业人士辛

[①] 天津市档案馆等：《天津商会档案汇编（1937—1945）》，天津人民出版社，1997 年版，第 746—747 页。

德盛一起，向亲戚借了几百元，成立了全兴义鱼行。[①]

除此之外，一位名叫綦官晟的牙商也是当时的典型代表。

綦官晟原是山东平度县沙梁村的一个农民，世世代代都在种田，那时他们家只有5亩土地，且乡间到处都是水灾，加上土豪劣绅的横行霸道，农民几乎没有出路，所以他决定到青岛去做生意，开设土特产牙行。[②]20世纪30年代，綦官晟成为了本地牙行同丰益号的经理，雇佣了员工400多人，总资产约为200万元。

在众多牙商中，半农半商的居多，特别是在集市和农村市场。例如，河北省安国县的药材集市，基本由半农半商的牙商经营，他们平日以耕作谋生，遇到庙会、集会便开始做牙商。

五、无业游民和无赖混混出身的牙商

牙行的规模有大小之分，经营所需的费用也大相径庭，很多牙商曾经是无业游民。在农村市场上，摆地摊的都是缺乏资金的，只要几件必需的工具，例如斗、天平、蒲筐等，后来即使开设了牙行，也是替人做生意，并不是自己进行买卖，因此能够运作的资金仍旧不多。还存在一些游行牙商，他们需要的工具也很少，比如牲畜牙商只需要一条绳子，粮食牙商只需要一只斗和一块刮刀，其余的仅靠一张嘴来做生意。因此，许多流浪汉也加入了这个行列，他们大多在镇上或农村的集市上化身牙商，在港口和集散地却很少见到。比如：张北马桥的牙商根据买卖的牲畜类别分为马牙子、牛牙子、驴牙子等。张北马桥的牙商主要以交易马匹为主，也从事其他家畜的买卖。[③]这些牙商大

① 刘心同：《烟台全兴义鱼行》，见山东省政协文史资料委员会：《山东工商经济史料集萃》（第2辑），山东人民出版社，1989年版，第324页。

② 綦瑞麟、綦松声：《同丰益号的兴衰》，见山东省政协文史资料委员会：《山东工商经济史料集萃》（第3辑），山东人民出版社，1989年版，第27页。

③ 牛金元：《张北马桥》，载张家口市委员会文史资料委员会：《张家口文史资料》（第

多是城里没有固定工作的居民，由担保人做担保拿着营业执照，在桥面上系一根绳索，便开始充当牙商。他们中的一些人，从小就和牲畜打交道，有时还会上桥去学习，随着时间推移，他们不但能看牲畜的牙齿、毛色和产地，还能分辨出牲畜的性情、力气和产量。

还有一些市井上的无赖混混进入牙商队伍，这些人身上的不良习气让人很不舒服，尽管他们也很重视信用，但有时候也会行欺骗、奉承、占小便宜之事，甚至还会坑蒙拐骗、欺压百姓，虽然他们的队伍很小，却有很大的影响力，他们使有些人认为牙商是一种欺诈行业，通过欺骗交易和肮脏交易来谋生。比如直隶正定，迁安商会在《标包牙帖有害商民，请规复元年旧制案》一篇文章中写道："各县谋充牙纪者，率皆无业地宿、绝无奉公守法之辈。"[①]再比如天津商会的文件中记载，1919年10月，直隶南皮县的一个小混混董祥亭，勾结官府人员，向南皮县衙门递交了一份领取牙帖的请示，此后便在泊镇成立了牙行，逐渐垄断市场。

牙商是由多个社会团体在不同方面相互渗透的独特群体，他们都是中间人，有着时代的变化烙印。牙商之所以会被众多人热议，原因无非有三个：一是从事牙商会很富有，是大多数人最乐于接受的职业；二是牙商成为了一种多维度的社会性团体，很难分辨出一名牙商到底是独立的中间商，还是既做中间商又进行买卖交易；三是各个行业之间的分工逐渐专业化，组织架构也随之改变，因此，牙商涉及的社会团体逐渐多样化，进而对整个社会的发展方向产生影响。

13辑），未刊，1988年，第209页。
① 同上。

第二节　牙商的社会关系

一名成功的牙商背后通常拥有庞大的人脉。因此，牙商能否获取丰厚的利润，某种程度上取决于其社交关系的范围。在这个关系网里，牙商与官府、帮会、购销客户、出口商、金融、保险业、脚行、转运业等都保持着良好的合作关系。

一、牙商与政府、帮会的关系

德国学者威廉·罗雪尔指出："如果一个国民仅仅将自己视为与中央集权相对立、彼此没有联系的个体，那么这个国民可以说不过是一粒微尘，他的生活是落后的，且若遭受暴风骤雨的袭击，就会立即崩溃。"[1]产业发展亦是一样，要保持其在经济上的主导作用，就需要与国家建立强大的社会关系网。"失去了官方支持，没有哪个生意人能守得住家财万贯，吉星高照，官府在实施敲诈勒索的时候，总会有他们的办法。"[2]因此，在扩大与商户联系的过程中，牙商也逐步与各地权贵结交。

天津同和兴货栈的后台就是官吏。货栈老板孙东园与天津站站长顾叔臣是拜把子兄弟，感情深厚，和张廷锷的交情也不错。在熟人的笼络下，孙东园结识了曹银的手下，在日本政府统治期间，孙东园又和商会负责人刘静山

---

[1]　[德]威廉·罗雪尔著，朱绍文译：《历史方法的国民经济学讲义大纲》，商务印书馆，1986年版，第49页。

[2]　彭泽益：《中国工商行会史料集》（下册），中华书局，1995年版，第673页。

密切联络。在官府的关系网下，同和兴货栈经营了 50 多年。1918 至 1931 年，山西临汾有一些粮食行发行纸币，其中一部分也是老板与官府串通，"以发钞票投机，发横财"。[①]

　　有些和官府关系密切的牙商，可以通过当地警察为自身工作提供帮助。据记载，1921 年，李凤舞和吴绍先便在山东德县柘镇，领取牙帖开办了一家蛋行。李、吴二人在柘镇的各条街上都有熟识的警察，凡是扛着鸡蛋的商人，都要在二人的蛋行进行交易；凡是以前进行买卖蛋类的商户，都有警察负责监视，不允许继续开展交易。警察本来是为公共安全服务的，但逐渐被商人利用，并甘愿为他所用，可见牙商的势力不容小觑。

　　牙商同政府联系紧密还反映在偷税漏税上。政府规定，牙商要按照收入比例交税，而牙商逐渐学会向政府官员行贿，从而减少他们的税收。例如河南卫辉府民生粮食行，交税时仅向官府报出三成营业额，政府若要查账，亦无危险，因为牙行私藏两笔账目，非知情者不可查出。就算官府知道了，也会用烟、茶、酒、肉来贿赂官员以便减少税收。民生粮食行的吴清南回想起卫辉府税收主管对牙商所说的话："如今找工作很难，没有钱是办不成的。要想做成事，就要用足够的金钱去侍候上级，否则是不可能长久的。比如每年过年的时候，都要去市局送点礼物，去了那里，见到了大老爷和大小姐，要打个招呼，大厨和保姆也要打个招呼，还要请几个朋友吃饭、看戏，这些都是要花钱的。"[②]这样看来，税收主管就是明着要钱的意思了，这时，税收人员就会和牙商进行谈判，确定税收额度。比如说，应该交 500 块钱的税款，实际只交了 300 块，其余 200 块就到了税务部门的腰包。

① 佚名：《二十年代前后临汾粮行简况》，载政协山西省临汾市委员会文史资料研究委员会：《临汾文史资料》（第 8 辑），1994 年，第 11 页。

② 吴清甫：《民生粮行的兴衰》，载政协河南省卫辉市委员会学习文史委员会：《卫辉文史资料》（第 3 辑），未刊，1991 年，第 77 页。

牙商与黑社会的联系也很紧密。山东烟台的鱼商经常和渔霸勾结,对渔民和鱼贩的货品进行价格打压、敲诈勒索。天津的渔场经常被一些小混混控制,又叫"鱼锅队"(天津方言,指混混们聚集在一起吃饭)。一些牙商甚至雇佣黑社会老大来当他们的"镇山石",想横行霸道的时候就寻求他们的帮助。比如,在天津同和兴货栈当过总管的刘静山,就是青帮老板白云生的徒弟,他通过自己的人脉,与政府、商人们打交道,垄断了水果牙行市场,从中赚取税款,积攒了丰厚利润。河南浚县的德和粮食行,是周口一家姓王的大户开办的,王氏家族和当地土匪是亲戚,来往密切,所以生意办得十分兴旺。

二、牙商与购销客户的关系

牙商是专门给买卖商户做中间商的行当,与商户有着最密切的联系。凡是将商品托付给牙商或托付牙商代为买卖的,均视为商户。在牙商所接触的商户里,大致可分为三类:内行、外行或庄稼汉。擅长做生意的牙商会与各类商户谈笑风生。

所谓内行,是指从事特定货物的人。这里也有大小之别,主要分为有字号者和个体。有字号者就是有固定资金、地址和名字的商户。个体就是虽为专业人士,却没有相应的财力,每次买卖都会暂时选取字号的商户,他们可能今天叫"甲",明天叫"乙"。有时自己居住的地方就是交易场所,随时可以和伙伴们一起做生意,也可以自己单独做生意,不受束缚。

所谓外行,是指仅购买时下利润较高的货物,比如暂时看中了某些货物的优势,想要借此机会赚取意想不到的收益。在外行商户中,可以分成两类:一类是"生意人",一类不是"生意人"。生意人大多会预见商品的价值上升,并把这些东西买下来,然后再把它们卖掉。不是生意人,基本就是平民百姓,得了行家的指点,以储存货物为主要目的。

所谓庄稼汉，就是农民，是指他们自己的产品由他们自己的牙行来买卖，如果他们有了盈利的机会，就会从他们的生产区里继续生产，然后再由他们自己的牙行出售。在出售所有制造和购买的商品后，便不再经营。凡是在本地买卖的货物，都是由牙商经手，有些农民经验丰富，不想让牙商赚取过多的利润影响收入，就会直接运输到牙行进行销售。农民间如果有自己能买卖的，就会互相交易，甚至将货物交给熟识的农民销售，以此来减少成本。面对农民这样的商户，如果想要做成生意，就要向他们清清楚楚地介绍牙行，否则他们不会贸然前往，把辛辛苦苦种植的货物交给牙行。

对牙商来说，上述三类商户中，最难接触的是内行，也最容易受到他们的恐吓。有时候，他们的生意亏损了，就不肯偿还债务，或者借了牙商的钱，随后就消失了。所以，牙商在接见这种商户时十分慎重，与商户聊得知根知底后，方准许其大量放款。此外，牙行也经常接待两种特别的商户。一种是"帮客"，指在一定区域里有大量的商户，相互之间有紧密的关系，比如"天津帮""关外帮""遵化帮""上海帮"等。一种是"庄客"，分为"散庄"与"长庄"。长庄是指长期进行交易的商户，散庄是指临时进行交易的商户。至于"帮客"中的头号人物以及"长庄"的代表，则被牙商冠以"财神爷"的称号，有"一荣俱荣，一损俱损"的意思。因为"谁惹了他们，他们就会拉走一群商户"，[①]所以，牙商尽量和他们保持友好的关系。

牙商与商户之间的关系实质上就是商品买卖的关系。商户将商品送到牙行后，牙商要为商户提供商品库房，并负责商户的日常饮食、住宿和休息等服务，以促进双方的友好关系。如有需要，可在适当时间内，由牙商先行垫付货物款项，在商品售出后再予以扣除。

商户来牙行，不论实力高低、业务盈亏、年岁长短，都会十分礼貌。当

① 朱继经：《兴旺发达的胥各庄货栈业》，载政协河北省唐山市委员会教科文工作委员会：《唐山文史资料》（第 6 辑），未刊，1989 年，第 38 页。

然，也有一些肆无忌惮的商户。许多商户会找牙行消遣，以做生意为名享受牙行的服务。根据当时的社会研究结果：针对商户的招待，各牙行会有不同的原则和方式，大致可以分成两个等级。

第一，所经营的牙行规模较小，规格较低，为了吸引商户，尽量迎合商户的需求，并为其提供娱乐性需求。只要商户有赌瘾，牙行就会"派员下注"，爱赌的，牙行"随时捧场"。例如：胥各庄中和栈，为招揽商户来此店，会花大价钱来招待商户，安排专门的人员为商户提供住宿、送饭服务，后厨每天提供八菜一汤。而且，会特别关照"商帮"中的重要人物和常驻客栈的代表，尽量满足他们的爱好，爱玩纸牌的，都有老板陪同，让他们赢，爱抽烟的，也会想办法满足他们的需求。

第二，市场定位较高且有良好声誉的牙行，会根据与商户平时的交情给予商户适当的招待，不会让商户随意消遣。商户到牙行，目标是出售他们所带来的商品，但许多商户都想借着这个时机，到外地旅游，打听一下来地的情况。针对这些商户，牙行内部设有专业的沟通团队，为商户讲解当地的风土人情、行业情况，并派专人陪商户参观、了解。商户有特别需要的，如赌博、嫖娼、吸食毒品等，都会被拒绝。这是因为，招待商户并不需要为了牙行的生意而失去下限，商户来牙行只是为了卖或买东西，而不是为了消磨时间，因此，牙商对商户稍有招待，即已尽东道主之谊，无特殊应酬之必要，且牙商更担心雇佣的员工以此为由，与商户串通行欺骗之事，助长不法之事。因此，正规牙商对商户的娱乐需求，通常都会进行约束。例如：天津同和兴货栈对商户的要求有三，不准在该栈吸毒、不准在酒楼里赌博、不准在外面过夜，如果有上述三种情形，则由主管亲自出面劝阻，并在劝阻之余给商户的单位写信。同和兴货栈给商户制定的上述规则受到了各地合法商家的青睐，许多商户在委托他人购买或销售商品时，都会专门在同和兴货栈进行，以免被送去的工作人员误入歧途，因而商户愈来愈多。

　　牙商是替客人做生意的中间人，买方和卖方商户都不能怠慢。如果看重卖家，蔑视买家，那么买家就会离开；相反，如果对买家评价很高，对卖家评价很低，卖家在利益遭受损害后，一定会选择另外的牙行。因此，牙商对待商户，不管是买家或卖家，都会保持一种均衡的心态。如果牙行依赖对商户的特别服务，无法替商户出售或采购商品，保证营运资本，那么无论生意如何，对商户的长远发展和对吸引力都是无益的。正如上文所述，天津同和兴货栈非常注重与商户的联系，这家牙行在吸引商户方面有六种方法：一是派遣人员到原产地，与全国各地区的商户进行联络，争取资源；二是在市场上与客栈、转运站建立良好的关系，并委托客栈或转运站介绍商户；三是为各国的商户发布"价格表"，并把它们寄给全国的商户；四是千方百计改善对商户的服务；五是为商户提供包装袋，这样商户就习惯性把货物发到同和兴；六是与铁路紧密相连，并依托铁路职权赚取金钱，与商户建立良好的关系。

　　华北牙商与采购、销售的关系主要表现为：专业市场、产地市场、中间市场、终点市场，牙商将海岸与内地各类市场业务连在一起，构成以牙商为中心的商品交易网络。

　　民国时期，牙商对于专业市场的买卖商户而言是重要的纽带。北平有两家专门的菜市：南市（珠市口、教子巷）和西市，这两个市场的交易周期是不同的。珠市口南市是每个月的二、五、七、九开市，教子巷是每年正月一、三、六、八开市。西市交易的时间是每月二、四、六、八、十。南市和西市的交易场所都是在院子里，以样品为例，交易数量很多。根据资料，在西市，一次买卖粮食高达 2400 公斤，面粉 600 包；在教子巷，每次集市能够交易大米及杂粮 1200 石，面粉 2000 袋；在珠市口，每次集市能够交易大米及杂粮 2400 石，面粉 2000 袋。①交易市场以本地零售店、面粉厂、外地商人为主，

① 张铁铮：《北平粮市概况》，《社会科学杂志》（第 8 卷第 1 期），1937 年版，第 126 页。

为了方便，外地商人往往会将货物交给粮食行，委托牙商进行买卖。

在牙商进行贸易往来的产地市场上，牙商对商户的作用主要有三个：一是引荐。牙商到米庄、谷物铺、面粉厂谈妥价钱后，向粮栈、酒坊、糖厂、面粉厂等提供产品。二是评估（或者买家和卖家直接交易）。卖家将谷物或小麦样品放在桌子上，买家们看到样品后，会与牙商或卖家进行谈判。三是开具购买和出售的公证书。谈妥价钱，牙商就会开出"市帖"，作为交易的证明。

北平的牙商，会将米庄、谷铺、面粉加工厂的产品介绍到谷仓、酒厂、糖厂、面粉厂、商店等。在采购和销售时，牙商起着举足轻重的桥梁纽带作用。在原产地的买卖和销售中，牙商也起到了重要作用。原产集市是商品的基本集市。由于自然环境和文化条件的限制，大部分货物的运输十分困难，大都用马车来运输，或者用肩膀驮着货物运输。华北的大部分农村都有菜市场，集市上的小贩、农夫，在零售代理人或牙商中间撮合、谈价或称重。

在中转市场，牙商扮演的角色也不可忽视。中转市场又称为分拨中心，运输比较便利，如石家庄、郑州、太原、济南、榆次等地区。为便于货物的储存和转运，在商业繁荣的城市、火车站和码头上，有能力的牙行都会在中转集市上建立外庄，以便在集市上购买货物。在这些牙行里，经营得比较好的商号或客栈，通常与本地的客商或城镇的客商联系十分密切。中转市场既供应原产市场的进口货物，也供应原产市场的粮食、棉花、皮毛、烟草、土布、山干货、鲜货、药材、煤炭、油等可供外销的货物。

在终点市场，牙商是售卖者和消费者的重要纽带。终点市场又称为港口市场，终点市场上的牙商一方面将谷物、皮毛、土布、山货、鲜货、药材、煤油、烟草等土特产从中转市场汇集到终点市场；另一方面为上海、日本、德国等地区提供大量的洋货，如棉纱、布匹、火柴、煤油等。终点市场的牙商普遍具备一手资讯，接触范围广泛，懂得货物价格波动，掌握市场情况，与洋行、出口商关系紧密，在水、陆重要地设立大型牙行。比如天津启泰粮栈，位于海河东岸大王庄，其码头可以容纳 300 艘船只。因此，从海上运来的食物可以直达谷仓。后来由于大王庄靠近老龙头站下九股货场，所以启泰粮栈自行修建了一条从下九股至粮栈的铁路线路。从铁路上运来的粮食，都可以通过岔路口进入粮栈，这样就能省下不少运输费用。在天津，除了粮食行外，还有一家"斗铺"。天津的西集和北集都是斗铺。西集靠近御河，毗邻京奉高铁。"西集斗店有怡和馨、庆长顺、同丰泰、华丰裕四家，北集斗店有万春新、同顺永、同丰泰三家"①。又如北平粮食行为运输方便，都设立在西直、西便、永定、正阳各铁路站周边。

在商品流动过程中，并非按照市场的级别进行货物流动。终点市场的牙商有时候也会到原产地的集市去买东西，而在原产地的小商贩，也会和终点市场的牙商进行交易。例如，在天津，四十多个牙行开了棉铺，都是在津浦和京汉一带采购棉布。在石家庄，由仁记、和平、隆茂、兴华四个牙行经营的棉铺，专门向天津进货。旧历八月到十二月，天津各地的棉花商人都会派出特使，或规定商品的价钱，由各家牙商代为购买。此外，除了港口集市上的牙商，还有通过商贩进行交易的渠道，把进口外国商品分送到内陆，在中转市场乃至原产地市场也设立了牙行，以代购农商的货物，进一步完善了交易网络的双向循环。例如 1932 年，张北县 45 间粮食行同市内百货公司、食杂商、杂货铺保持着长久的联系。②有了粮食，就会有杂役（俗称"抱牛"）来买东西。

下面以棉布作为核心交易货物，阐明牙商在交易中不可或缺的作用。

河北、河南、山东、山西、陕西是华北的主要棉花产区，其中山东占比最大。1929 年至 1930 年，华北地区棉花产量达 31.5%③，华北棉区（以下简

① 中国第二历史档案馆：《中华民国史档案资料汇编·三·北洋工商》，江苏古籍出版社，1991 年版，第 248 页。
② 佚名：《旧中国时期的张北粮行》，载张北县委员会文史资料委员会：《张北文史资料》（第 3 辑），本刊，1994 年，第 93 页。
③ 方显廷：《中国棉花之生产及贸易》，《经济统计举刊》，1933 年第 2 卷第 1 期，第 79 页。

称"华棉")6 种棉花产量中，山东棉花产量为 17%，河北棉花产量为 11.4%，河南、山西、陕西三个省份的棉花产量仅为 2.8%。

原产市场上，牙商为买卖双方的中间人，主要负责评价货物，并在市场上与买卖双方商讨收购价格。棉花作为日常生活必需品，交易量极大，因此，牙商始终处于工作状态，华北地区的牙商都开设了棉行，棉行一方面为棉农提供休息、吃饭场所，另一方面成为终点市场和其他地方的棉贩、洋行分庄和棉纺厂的交易场所。

在中转市场上，牙商把原产棉农、小贩和其他棉商的商品销往终点市场的棉行，或者是由贩卖棉农自己销售到终点市场。此外，平津各棉行、各洋行分庄和大陆棉纺厂的棉商也在棉行里采购棉布，在棉布机构的中转市场上，牙商通常都会开办棉行。

民国期间，天津、青岛是华北地区的主要棉区。华北地区的植棉运动从明朝开始，到清朝末期结束，棉被的包装和织造的土布都来自华北地区的乡镇和农村市场。20 世纪以后，中外纺织工业迅猛发展，棉布深受出口商的欢迎，短短数年之内，棉布已跃升为天津第一大出口产品，同时天津地区也成为著名的棉布生产基地。天津本来没有专门的棉行和仓库，后来因为大批向外输出，就由牙商开办了一家棉行。1907 年以前，天津没有大型棉行，1912年有 6 个，1919 年有 20 个，1936 年增加到了 84 个。[1]另外，山东青岛还是华北的一个终点集市。这一集市是山东省一些棉县的棉布流通地，由于当时青岛被日本商人掌控，具有一定的殖民地性质，因此贸易往来体系与天津地区有很大的区别，因此本文并未详细列入。

天津作为我国华北地区棉花贸易体系的终点，牙商开办的棉行炙手可热。在天津，所有棉商都从中间集市上运送棉花，再将棉送到棉堆，在棉堆会进

---

[1] 张利民：《试论近代华北棉花流通系统》，《中国社会经济史研究》，1990 年第 1 期，第 79 页。

行通关，获得通关许可证，再进行称重，并对商品质量进行鉴别。在天津，每个客栈都有牙商，专为客人们的交易服务。

在终点集市的棉布贸易中，牙商所建立的棉花栈是买卖双方的纽带，是一个重要的组织者和桥梁。棉花栈的棉花来源于中间棉商、棉花堆场和其他棉贩，销售给各个外销洋行；内地纱厂、棉花零售店或其他棉花堆场则构成了以棉花栈为核心的终点集市，形成了棉花交易组织。这种交易组织网络化的发展，使得天津一跃而上，跻身于上海和汉口三大棉市，同时也使得天津的华北棉纺贸易快速发展。

不仅是棉花交易系统，在大部分商品交易系统里，牙商都穿梭于各个等级的买卖者之间，并将他们有机地结合在一起，构成了一个比较完整的系统，建立起一个以牙行为中间桥梁，以南北双方为主线，向周边地区或市场组织延伸的商贸交易网络。

三、牙商与出口商的关系

民国时期，华北港口的牙商已成为中西商贸的重要媒介。

20 世纪以前，不论是在通商港口还是内陆，华人与外国商人的直接往来都比较少见，大部分买卖要通过买办的引荐。美国华人郝延平把买办比喻为 19 世纪的"东西方之桥"[1]。不过，这并不意味着外资企业不愿意与中国的经销商进行直接交易。例如：1867 年，英国领事馆在一份关于如何处理买办压榨和敲诈的建议上，提出要学习中国文字。他说："最有可能持续的解决方案就是提高（中国）外语水平，这是改变当前形势的重要因

---

[1] ［美］郝延平著，李荣昌等译：《十九世纪的中国买办——东西间桥梁》，上海社会科学院出版社，1988 年版。

素。"①抗战期间，一些西方人组织员工上汉语课，给予他们奖励，并把他们送到大陆与中国代表进行交流。

在清除了言语上的障碍之后，华北港口的牙行渐渐脱离或超过了买办，与外国贸易的联系更为直接，以至于在很多方面已经代替了买办，优势逐渐增多，并在中西贸易中起到了重要的桥梁作用。比如日本占据青岛时，日本商人因为精通中国贸易体制和语言，很少雇佣买办作为中间人，而是直接与牙商进行交易。如果有足够的资金，欧美的商人们宁愿采用昂贵的买卖方式，也不愿意与买办进行交易。例如：1914年以前，青岛有14家从事草辫外贸的商户，然而，这些商人与草辫的产地没有任何直接关系，出口全靠牙商开办的牙行提供货品。

尽管牙商活跃在商业流通体系中，并且逐渐替代了买办的交易程序，成为东西两国之间新的交流纽带。但是在企业运作中，牙商与买办之间存在明显差异。首先，买办是作为中国洋行的总管或代理，由洋行雇用，收取洋行的工资；而牙商作为独立的生意人，与洋行进行贸易往来，并不靠工资，只靠中间赚取的差价。其次，在贸易业务上，牙商既是中外商人的中间人，与外国商人进行交易，同时也有一定的独立性，他们的交易活动总是以自己的商业利益为前提，并在经营中与外商存在一定的竞争关系。再次，买办没有自己的供给权，只能作为一个中间人来联络供应商；而牙商既有自己的牙行，还要依赖于自己的牙行、联号和被派遣到其他地方的坐庄、站庄，与华北号庄、收买商、商贩等进行业务往来，具有稳固的供给线和货物分销网络。更关键的是，这些商人把外国洋行的买卖同中国商人的业务结合起来，推动土洋货物双向流动，从而使牙商在买卖中起到"桥梁"和"中介"作用。

---

① ［美］G.G.艾伦、A.G.唐尼索恩：《远东经济发展中的西方企业》，纽约，1954年版，第47页，转引自［美］郝延平著，李荣昌等译《十九世纪的中国买办——东西间桥梁》，上海社会科学院出版社，1988年版，第73页。

四、牙商与金融、保险业的关系

民国期间，华北地区的牙行因经营顺畅、交易额增多而快速发展，与银行一样，增加了为商户提供贷款的功能。这样一来，银行等金融机构与牙商之间的联系更为紧密。牙商开办牙行所需的经费，从数千元到数十万元不等，虽然开办牙行耗费的资金较多，但牙行在生意好的时候能够赚取三五十万元，最高的时候能达到一两百万元，最少的也大概有一二十万元。如以积压一百万元货物为例，放款金额为五成，则需要 50 万元的现金，减去资本 10 万元后，其余的资金都是靠银币来维持的，所以与银号的联系十分紧密。虽然牙商与银行的关系也比较密切，但因贷款的要求较高，程序复杂，与银行的关系远不如银号。所以，当牙商做生意的时候，会有几家大银号前来协助。例如：在民国期间，因胥各庄、河头尚没有专业的财务组织，胥各庄的库房只能依靠银号和钱庄来进行资金流动，通过"借款者"的名义宣布借贷数量（数额和利息的比率，与借款人进行谈判，商定后，由银行或银号签订契约，即交易成功）。私人钱庄也有类似的借贷活动，私人钱庄的放息通常要比银号低，存款利率要高一些。比如天津的达孚货栈，拥有充裕的流动资金，和五六十个货栈都有生意往来。[1]

银行或银号为牙行提供的贷款，分为信用放款和抵押放款。信用放款的多少取决于两家的交情和牙行的充裕程度。不过，商人间的往来以经济利益为主，如果把银行或银号当成救命恩人，那就太冒险了。在市场空虚的时候，银行吸纳的流动资金少，没有地方可放款，便派人去牙行催钱，有时甚至会发生"早上放款晚上收"的现象。当钱不够的时候，牙行就会恳求银号放宽时日，但银号却不帮这个忙，只会一直催着还款，如果牙行的人没有及时支

---

[1] 李凤章：《达孚货栈经营之道》，见《天津文史资料选辑》（第 52 辑），天津人民出版社，1990 年版，第 149 页。

付这笔钱，银号就四处散播流言，让牙行声誉尽毁，难以维持生意。因此，银号的信用放款只能作为一种暂时的贷款，要想长时间依靠信用放款是不可行的。虽然牙行和银号的来往风险很大，但却不能抛弃，因为这比与银行交易要容易得多，银行有更多约束和不方便的地方。不过，一个富有的牙行，如果与银号有很好的交情，在遇到紧急情况的时候，可以请求银号给予一定的帮助，银号可以延长或缩短借款日期，牙行一旦有钱款能够还给银号的时候，马上归还就可以了，也不会影响牙行声誉。这也是为什么牙行用银号而不是用银行来流通资本的缘故。银号贷款给牙行，最少也要三五千元，最高的时候，可以达到五六万、十万、几十万元。银号贷款给牙行，是以拆息为准，但牙行在银号存款时却没有任何利息。一般在农历新年之前，就要把所有的债务和利息都还上，并且要把一些余款存在银号里，以表明他们之间的友好关系和生意的可持续性。如在农历年底，只能偿还所欠的债务及利息，而无余力在银号存款，就必须从其他银号借钱放入交情深厚的银号里，这是牙商与信贷之银号的特别关系。

银号除了信用放款，还有抵押放款的模式。如果银号有多余的钱，并且与牙行的关系很好，在需要的时候，可以抵押放款。如果是牙行通过商品向银号贷款，对牙行自身的生意和声誉都会有很大影响。所以，以商品为担保没有必要。如果牙商资金不足陷入困境，导致经营困难难以支撑，那么可以与结交良好的银号商谈，要求大笔资金援助，银号通常会委托一位可靠的文员到牙商处，随时监督牙商的业务和财政出入，凡是有货物出入或银钱支付，均须由银号商人派出的监督人负责，但牙商的权力和责任还是由牙商享有和承担，与银号并无关系。由银号派出的监工，牙行须支付一笔可观的酬劳，而且酬劳要比雇佣的员工高，这是为了维持两家之间的亲密关系和经济往来。这种牙行与银号之间的交易方式前景光明，并且能够促进两家关系，所以银号才愿意与牙行保持这种关系。由于牙行的商品并不是由银号拥有，银号只是替牙行出售，抵押放款属于两家之间的秘密，牙行担心商户和同行知道，会对牙行的发展产生不利影响，特别是商户一旦发现，会对牙行产生不信任的想法，生怕自己的货物被抵押，那些已经将货物交付给牙行的商户，也会想办法将货物取回，这将给牙行造成巨大的损失，所以抵押放款仅由银号与牙行知晓。

银号向牙行贷款，比银行贷款更为放心，因为银号只向一家牙行提供援助，所以他们与其他牙行之间的联系会少一些，虽然生意上会受到限制，但牙行会与银号保持长期合作，双方都比较便利。

在生意兴隆的时候，牙行的商户所提供的资金较多。当商户把货物交给牙商时，牙商不但要替商户买卖东西，还要替商户保管货物。虽然牙商小心谨慎，但也冒着各种各样的风险，牙商收到商户的货物后，不管是否出售，也不管存放多久，都会为商户投保。因此，牙商与保险行业有着密切的联系。由于当时形势多变，牙商不能全保，只与几个保险行做生意。正像薛不器所说，为了防止意外，牙行在投保时，往往要多买几家保险，而不是只买一家。[1]如此一来，承保人的承揽责任也很轻，能够避免矛盾争议。财力较强的牙行，最高可投保一百万元甚至更多，财力较差的牙行也能投保超过一万元，而承保人虽有承保的实力，但也不会把所有的货物都交给保险公司。牙商投保，有时是自己投保，有时是通过保险代理人投保，不管是哪一种投保，都要支付一笔保险费，也就是所谓的"扣佣"。扣佣数额因保险业在市场中的层级而略有差异。由于牙行进出货物较为频繁，数量也比一般商人多，所以会有一些特殊待遇，比如可以在任何时候提高或降低保费。通常，牙商所承保的保险金额大都超出其货物金额，极少数低于货物金额。虽然牙商为他们的商品购买了保险，但他们还是很小心，万一出了什么事，他们就不能再做生意了，商户的一切损失都是他们的责任，而不是保险行的责任。一般来说，牙商由于意外受到损失后，在承保人

---

① 薛不器：《天津货栈业》，时代印刷所，1941 年版，第 100 页。

没有付款之前无法得到赔偿，商户的费用也无法赔偿，因此，牙商对货物的投保不会有丝毫犹豫。例如：天津美丰厚货栈在商户将货物送到货栈后，立即按照货物的价值分类堆放，保证不会发生火灾等危险。[①]

五、牙商与脚行、转运业的关系

商户需要将商品运到牙行，不管是由火车、轮船还是公共汽车运输，运输到车站或码头时，牙行不得私自派人将货物运回，应由当地运输人员负责装卸。因为在民国期间，各地都有强大的帮派，而且很讲义气，所以，牙商只能眼看着运输人员搬运货物，或者在搬运商品时雇佣本区域的脚夫。例如，天津市特别三区的商品，不得雇佣法租界或二区的脚夫搬运，即便是有意向雇佣其他三个区域的脚夫作为他们的装卸工，这三个区域内的脚夫也不会任由他们雇佣，因为各大集市都有自己的地盘，谁也不能逾越，不然的话，就会迎来一场腥风血雨。所以，牙商和脚夫之间一定要按照当地规矩来雇佣。牙商雇佣脚夫，不能像对一般苦力那样，因为脚夫替他搬运东西是有信誉的。牙商把货物交给所雇佣的脚夫时，脚夫就会把东西原封不动地送到牙行里，永远不会缺斤少两。如果有什么损失，脚行一定会补偿，不过脚夫们信誉良好，极少出现这种情况。虽然牙商和脚夫们的联系很紧密，但是通常也会事先商定好运输费用，避免出现不必要的纠纷。商户—牙商—商户之间的商品搬运都是由脚夫来进行的，所以牙商的兴旺与脚行有着密切的联系。

据资料记载，牙商所开的粮食行与脚行经常会订立合约，商定付款的价钱和方法。1918年，天津粮食行、脚行和中转公司因为津浦路天津西站的脚行装卸粮食混乱，不分先后，有的人私自搬运，有的人抬高搬运价格而大打

---

① 政协天津市委员会文史资料研究委员会：《天津文史资料选辑》（第52辑），天津人民出版社，1990年版，第137页。

出手，决定于 1918 年 6 月 9 日与天津西站订下协议，拟定了五条规章，规定了粮食行和脚行的交通工具。其规定如下："一、天津西站的粮食，由车站的管事吩咐搬运工按照顺序运输，不许争吵，车费按照前期所订，再加一块铜板，以防下雨，其他任何情形也不再加收，若违反规定，由站长负责。二、不管是粮食行还是中转公司，都不准涨价，一旦发现，自认惩罚。三、本契约由各运输公司的所有粮食行商户共同保管，作为凭证。四、本条例须经各商户注册，并于西站登记，确保证据充分。五、所有文件都经过商户及中转公司批准，并加盖印章，以示遵守。"①

在华北牙街，由于其具备代客转接货物的功能，因此需要进行货物托运，这使得牙行与中转公司之间的联系更加紧密。例如，1918 年，与牙行联系密切的运输公司，有日本人运营的通运公司（天津火车站前面）、中国人运营的悦来通运公司、中华捷运公司、汇转运公司、同昌公司、大昌兴恒庆永转运公司等。②

民国期间，华北的一些牙行还充当转运的角色，以方便商户运输。例如：山西省阳曲的元盛广泰裕、兴顺利，榆次的吉泰隆、大丰祥、义胜合、同和公、聚义成、义盛通、万盛厚，太谷的万盛厚、晋太兴、义胜合、吉泰隆，长治的恒发永、晋泰德、永盛元，永济的同新合、庆春店、天来店、万兴成等 37 家牙行均代客转运。这 37 个牙行虽然都是牙商开办，但也负责转运业务。《中国实业志》把他们称为牙商兼传递员。③比如天津同和兴货栈比较熟悉铁路运输，因此商户都乐意请此栈代购、代销及运输；河南许昌的公兴存烟行设立了两个部门，一个部门负责烟草销售，另一个部门负责运输，建立

---

① 天津市档案馆、天津社会科学院历史研究所、天津市工商业联合会：《天津商会档案汇编（1912—1928）》（第 2 分册），天津人民出版社，1992 年版，第 1783 页。

② ［日］东亚同文会：《中国省别全志·第 18 卷·直隶省》，1920 年版，第 981 页。

③ 实业部国际贸易局：《中国实业志·全国实业调查报告之五》（山西省），商务印书馆，1937 年版，第 44 页。

了两本账单，一并算账。还有北平合顺、天亨、正昌等商号，在各处都有联号，联号的牙行均开办中转业务。还有 1918 年石家庄的万丰栈、公益栈，义合栈、天丰裕、义聚公司、公兴等，均有运输业务。①

---

① ［日］东亚同文会：《中国省别全志·第 18 卷·直隶省》，1920 年版，第 991 页。

第三节　牙商的行话、暗语与衣着

在交易市场上，牙商严格遵守行业规矩，绝不会在行业内对其他牙商的生意搞破坏。为确保彼此之间的情报保密，他们不但在袖中用双手进行沟通，还使用各种隐晦的术语和口令。牙商的技巧神秘莫测，如果不是经验丰富的人很难学会。因此，一些牙商会将行业术语、口令等秘密"代代相传"。有些坏牙商会使用一些术语和密码来欺骗商户。因为不同行业、不同地域的牙商，其行话和口令也有很大差异，难以全面收集。

一、粮食、油业行的行话与暗语

在北京市宛平县长辛店市场，有一种叫"明盘"的行话。即把价钱向双方说清楚，若有意见，则由成盘者在中间调和，业内称为"打圆盘"，直至两人都满意。价钱谈妥后，把袋子藏起来，用"盖了"（不许旁人看见）掩好，买东西的人写上"飞子"（白色纸条），上面写好袋数，当作暂时的凭据。再由"脚行"（挑着）将它们放进簸箕中，"量斗的"算一下，再用"飞子"写上准确的数字，由卖家去粮食行核对，确认无误。每一次出售粮食，都要经过六七个程序。还有一种被称为"拉手"，或者叫"暗盘"。"一到五个手指头代表个数，五指弯曲代表六，三个指头代表七，拇指食指叉开是八，弯曲食指为九，十叫整数，百叫大根，用嘴说称挠、捏、卡、勾代表六、七、八、九。"这种行话只在大单交易或者价格大幅度波动时使用，小型交易用不到。[①]

河北省张北县的粮食行也有两种行话，一种是"袖筒说话"，是从袖子中掏出手指，五根手指代表九个数字，用手交流，避免说话时被人听见。还有一种叫"黑谷语"，是一种暗语，一到九分别代表：口忽隆钱、节子钱、川子钱、回子钱、刮子钱、大子儿钱、底子钱、封顶子钱、点子钱。[②]

河南省商城县粮食行也有 1 到 10 的代号，在民国时分别代表：软、太、神、丰、保、余、定、百、日、归；之后发展为：许、欠、川、收、土、高、照、毛、求、许。[③]

河北省遵化县的斗局牙行，为谋取利益，制定了一系列术语和手势，这些术语是用 10 个汉字依次表示 1 到 10 的数字：由、中、人、工、大、王、主、井、羊、非。在手势中，"由"字划出了一个头，代表 1；"中"字划出了两个头，代表 2；"人"字划出了 3 个头，代表 3。

河北省张垣县（现在张家口）的牙行也是在袖子中用手指头表示暗语。从 1 元到 9 元，他们的行语是："丁盖子钱、工心子钱、川子钱、回子钱、丑子钱、大子钱、皂底子钱、分子钱、丸点子钱等"[④]。秤局牙商从 1 到 10 的暗语是：杏、事、春、岁、无、齐、毛、共、晚、景。

河南省油业的商品及数量也有暗语。例如，花生油名为"大个子"；豆油名为"漆子水"；香油名为"老尖"；棉油名为"老黑"；麻籽油名为"老粘"等等。数字符号由 10 个汉字表示：尖、哑、言、凹、土、涝、现、翘、

① 刘秉德：《长辛店的粮食集市》，见政协北京市丰台区委员会文史资料委员会：《丰台文史资料选编》（第 1 辑），未刊，1987 年，第 19 页。

② 佚名：《旧中国时期的张北粮行》，载政协张北县委员会文史资料委员会：《张北文史资料》（第 3 辑），未刊，1994 年，第 89 页。

③ 佚名：《旧中国时期的张北粮行》，载政协张北县委员会文史资料委员会：《张北文史资料》（第 3 辑），未刊，1994 年，第 89 页。

④ 龚旭晨、倪昌有、施九湖：《张垣古城的斗牙行业》，载政协河北省万全县委员会文史资料征集委员会：《万全文史资料》（第 2 辑），未刊，1988 年，第 38 页。

湾、尖。如果价格是 76 元，可以说是"现涝"。[①]

二、蔬菜、干鲜果行的行话与暗语

河南菜场在买卖时，只用口令（暗号），而不明码标价，数字 1 至 9 为：直、旦、羊、利、摸、陇、踢、乓、霍。在买卖中，"秤佁"（操纵秤杆者）有权利决定价格，也有决定权。称好后，他要大叫："柜台老板，××菜××斤，每斤一毛二毛（一元二角或一角二分）。××瓜××斤，每斤八角五（八角五分或八分五里）。"若为整数，则称"羊撇"（三角或三元）或"陇撇"（六十元或六百元）。

北京市场里有很多方言，外城的商户都叫"老客"，批发的叫"行发儿"，牙商叫"牙子"，卖菜的地方叫"菜趟子"，掌秤的叫"卖头儿"。市场上的账目多用简化的文字，比如韭菜是"九禾"，马二写"子二"，李字用"木"，"长"代替张等。再比如王瞎子写成王 O 子，王聋子也写成王 O 子，王麻子就是 O 中加线。菜谱上也有很多标记，知道简化字的一看就明白，不知道简化字的再看也是一头雾水。[②]

在菌行中，买家和牙商也用手指头在口袋里讨价还价，牙商和同行谈价格时也在口袋里进行，比如用拇指和食指捏着别人的拇指，就是一块钱，捏两根手指头就是两块钱，捏五根就是五块钱，六块钱是用自己的四根手指头捏住别人的四根手指头，拇指和中指捏在一块是七块钱，拇指和食指一叉是八块钱，手指一划是九块钱，十块钱还是要捏拇指。如果是一块五，就用拇指在手心里按一下等。

---

① 王鸿魁：《漫话旧商行》，载政协河南省委员会文史资料委员会：《河南文史资料》（第 1 辑），未刊，1994 年，第 219 页。
② 《北京的菜市》，《民众报》，1940 年 12 月 29 日，第 6 版。

在水果市场上，无论是在集市还是在仓库，都有暗语。一是用指头说话，用衣袖一触即知。二是使用专业术语。专业术语在不同地区的含义也不尽相同，甚至在同一个行当里，也有不同的意思。比如济南水果行术语和天津衣服行相同。天津市干鲜果产业用"摇、柳、搜、骚、崴、料、壳、笨、角、勺"代替 1 到 10 的编号。至于其他贸易，也要使用行业术语，比如"薄意"就是"不好"的意思，"洗门"就是"少给"的意思等。①

三、皮毛行、土布行的行话与暗语

在山东济宁毛皮行进行交易时，牙商议价也用行业术语，1 到 10 的行语是：旦底子、抽工子、扁川、满盒、老盘或缺丑、断大、毛根、入开、未丸、老夜。比如 75 元，行内人称"毛根缺"。此外，皮行的人还会说些别的术语，例如："以不"表示"好不好"，"使多少嘎""捏多少米"的意思是互相打听"挣钱多少"，"法依台"意思是"生意不错"，"海蝶肥"是"挣钱多"的意思②。

河南省的所有白土布行，都会有一块"水牌"，用来记录货物的价值和数目。他们以"由、中、人、工、大、王、主、井、羊、非"等代号来代表数字 1 到 10③。

① 中国民主建国会天津市委员会、天津市工商业联合会文史资料委员会：《天津工商史料丛刊》（第 8 辑），未刊，1988 年，第 10 页。
② 武晋保：《源成皮行琐记》，载山东省政协文史资料委员会：《山东工商经济史科集萃》（第 1 辑），山东人民出版社，1989 年版，第 144—145 页。
③ 王鸿魁：《漫话旧商行》，载政协河南省委员会文史资料委员会：《河南文史资料》（第 1 辑），未刊，1994 年，第 219 页。

四、牲畜行的行话与暗语

关于牲口商人的暗语也有很多。他们通常穿着宽大的袍子，跟买家谈判的时候不会说价钱，而是用手势在袖子里面搓来搓去。在天津进行家畜交易时，先用口令说出整数，然后用袖口说出尾数。他们用"门、可、眯、吊、拐、晃、摄、哈、钩"①九个字代表 1 至 9，比如卖骡子时，要先说"眯"的数目，然后再通过袖口捏手指，一方用"拐"，另一方用"可"，僵持一会儿，直到最后坚持用"可"的时候，用两根手指晃一晃，对方也跟着做同样的手势，才算是同意了，这样就能以 3220 元的价格成交。

河北省张北县马桥的家畜牙商在用暗语表示 1 到 9 时，会用：可子嘎、门子嘎、米子嘎、周子嘎、拐子嘎、余子嘎、里子嘎、年子嘎、老王嘎。②

河南省家畜牙商在用暗语表示 1 到 9 时，会用：海子嘎、弹子嘎、品子嘎、吊子嘎、拐子嘎、挠子嘎、柴子嘎、叉子嘎、钩子嘎等。③他们也用手指在衣服上和卖家进行沟通，沟通密码的方式为：将拇指伸出，另外四根手指弯曲为一；食指和中指伸直，另外三根手指弯曲表示二；大拇指和小拇指弯曲，其他三根手指伸出表示三；手指弯曲，四根手指向外伸展表示四；五根手指全部伸展表示五；拇指和食指各按一次，就是六（也称"沾沾六"）；拇指和食指、中指互相搓揉，表示七（也称"捻捻七"）；拇指和食指向外伸，即为八（亦称"叉八"）；手指呈钩状，其他四根手指弯曲则是九（亦

① 王受朋：《天津的牲畜集市交易一瞥》，见政协天津市委员会文史资料研究委员会：《天津文史资料选辑》（第 50 辑），天津人民出版社，1990 年版，第 137—138 页。
② 牛金元：《张北马桥》，载政协张家口市委员会文史资料委员会：《张家口文史资料》（第 13 辑），未刊，1988 年，第 210 页。
③ 王鸿魁：《漫话旧商行》，载王鸿魁：《河南文史资料》（第 1 辑），未刊，1994 年，第 220 页。

称"钩九");用拇指和食指比画一个"O"的形状，另外三根手指弯曲，表示十。

蔚县家畜市场上的牙商也有相应行话：科子嘎（代表1）、坍子嘎（代表2）、眉子嘎（代表3）、吊子嘎（代表4）、施首不错（代表牲畜的质量较好）、使假了（代表牲畜有劲不使，不实在）。[①]

山东省家畜行的牙商方言会针对交易数量发生变化，大数从1到10是：流、覃、品、吊、拐、恼、才、别、弯、卡。小数从1到10是：丁、持、彦、虎、满、宿、才、卧、贝。如11元则称为"流丁"，43元则称为"吊彦"[②]。山东省家畜牙商的行话细节性很强，而且有具体规定，不能随便更改。山东省家畜行的牙商都是用手指和对方的手指接触来计算数量。一到十的方式是：一只手搭在对方身上，一指为一，两指为二，直到五根手指；甲方捏着乙方的三根手指，让他的大拇指和小手指向上抬起来，就是六；把乙方的拇指、食指和中指捏在一处，就是七；捏着乙方的三根手指，让乙方的拇指和食指张开，就是八；乙方食指弯曲为九；五指并拢聚在一起就是十。比如350元则是"晶满嘎"，另一方不卖（买）的话，则要增加或减少数量，用手指加或减。在用袖子做生意时，数目一定要在两位数以下，比如25块钱，搓两根手指，然后搓五根手指。如果是255块钱，就必须多摸一次手指，看起来像是重叠的。在家畜行业里，这样的牙商叫"袖口经纪"，讲价的牙商叫"张口经纪"，而牙商要想做大做强，就必须把嘴和袖口暗语都掌握翔实，这样才能在山东省的家畜集市立足。

---

① 周清溪：《浅谈蔚县的经纪业》，载政协张家口市委员会文史资料委员会：《张家口文史资料》（第22辑），未刊，1992年，第206页。
② 齐一萍：《三十年代农村集市之经纪人》，见山东省政协文史资料委员会：《山东文史集萃》（工商经济卷），山东人民出版社，1993年版，第440页。

五、药行的行话与暗语

河南沁阳的医药牙商在医药贸易中有一定的术语，如发货或转货、放秤、放盘、跟盘、贴佣、退货、望交、围盘、围皮、议价等。

"发货或转货"指的是：货物存放在甲牙行，不可销售，可将货物转交给乙牙行，费用应由商户承担。"放秤"是指在讨价还价或叫牌以后，如商户觉得价钱太高或货物潮湿，则由牙商要求卖家按重量或按重量酌情"放秤"几斤。所谓"放盘"，是指在某个商品叫出价格以后，三日内，任何一个行业的人都不能再报价。所谓"放期"，是指商户在月底、半月结算的时候，因为月销不顺、不畅，而卖家不肯降价，只能延长月销时间。"跟盘"指的是同样的商品，必须要经过甲、乙两家评价才能知道具体价格。所谓"贴佣"，就是指买家和卖家讨价还价不成的情况下，为了达成交易，牙商会妥协，降低自己赚取的提成。"退货"是指从交易完成后或装运当天开始算，如果三天后，买家发现货物不符合自己的要求，便可以带着发票退还。"望交"指的是商户的商品有一部分送到牙行，商定价格后，剩下的部分还在运送过程中便可以商定价格，由买家提前付款。所谓"围盘"，是指买家开出了一个价钱，卖家觉得价钱太便宜，不愿意交易，或者不愿意支付，三天后，买家就会提高自己的报价，最后再讨价还价，让买家和卖家都心满意足。"围皮"是指由于交易时数量太多，无法一一打包称重，则由买方和卖方各自指定一件货物，按照该货物推算价格。所谓"议价"，是指在征求买家和卖家同意之后，再根据货物的成色来决定商品价格。

山东济宁的中药店，在做生意时都会使用暗语。1 至 10 分别用十个汉字代表，分别是：天、地、光、时、阴、绿、真、宝、子、成。[1]在那个年代，

① 张继武、汪宗潮、张伟：《济宁药材古市的经营》，见山东省政协文史资料委员会：《山东文史集萃》（工商经济卷），山东人民出版社，1993 年版，第 400 页。

医药行业里的俗语有"鬼语""鬼名""鬼价",即"三鬼"。比如:原名"麝香",暗语为"臭子",货物改掉其本名就称之为鬼名。

综上所述,术语和密码不仅是一种民间隐喻,还是一种别具特色的民族语言。牙商的术语和暗语都是牙商内部交流的手段,它的作用是维护牙商内部的秘密和权益;另一方面,也是为了堵住买家和卖家的嘴,有利于牙商把控交易市场。

六、农村集市上牙商的特殊衣着

除语言之外,华北市场上的牙商,在民国期间颇有异于常人之处,一看就知道是做中间人的。通过这种方式,即便是没有固定的牙行,买方和卖方也能很快地发现牙商。牙商与一般人的区别在于穿着打扮。根据年龄,大体上可以分成三种类型。

第一种是 30 到 40 岁的牙商。他们经常穿着一件短袄,一条宽大的裤子,系一条白色的腰带,牵着一头骡子,给骡子头上戴一只铃铛,手里拿着一根皮鞭,人还没到,铃铛就响了,看起来很是热闹。这些牙商都是有税务部门做靠山才会如此嚣张,为买家和卖家讨价还价。在即将成功或失败的时候,他们会用皮鞭抽牲畜,交易完成后,他就能拿到佣金。俗话说:"一鞭一财",就是这个意思。这样的牙商,在华北的乡下市场数量极少,通常只有 3 至 4 个人,绰号"二混子"。

第二种是 40 到 50 岁的牙商。这些牙商的打扮和第一种差不多,都会骑着骡子,手持一根三英尺长的竹子。他们能说会道,身边有很多同伴,熟知各类货物的来源、价格,不管是当地商人还是外地商人,他们都能聊得头头是道,他们的眼力、口才、评估能力都很强,说的是专业术语,这就是专业的牙商,他们都是有经验、有信誉的,在乡下市场数量较多。

第三种是 50 到 60 岁的牙商。他们在春天和冬天都是穿着长衫，腰间束着腰带，彬彬有礼，左边衣领夹在右边，手里拿着一个长长的烟斗、一个铜烟锅，从来不抽烟（有些人手里拿着一根棍子或一根树枝），在交易的时候，他们也会训诫牲畜。"这些牙商大多都是本地人，仗着自己年纪大，每逢庙会，就会出来赚个饭钱，平时都不到集市上来。"[①]

① 齐一萍：《三十年代农村集市之经纪人》，见山东省政协文史资料委员会：《山东文史集萃》（工商经济卷），山东人民出版社，1993 年版，第 440 页。

第六章　牙商的社会流动

　　"社会的存续和发展都是一个动态的历史演变过程。这一历史过程不仅仅表现为转折时代社会形态的剧烈更替，而且还表现为更为常见的社会现象—社会流动。"社会流动不同于一般的人口流动，如人口地理位置的迁移、各种原因引起的移民和人口在一定时间和空间范围内数量的增减等。一般的人口流动往往只构成社会流动的基础。由于社会关系的空间结构与地理空间、产业结构和职业结构具有密切的联系，只要一个人在地理空间、产业结构或职业结构中的变化引起了人们社会地位的变动，便属于社会流动层次的范畴。社会流动指的是一个社会成员或社会群体从一个社会阶级或阶层转到另一个社会阶级或阶层，从一种社会地位向另一种社会地位，从一种职业向另一种职业，从一个地理位置向另一个地理位置的变动过程。在民国新旧蜕变擅替的社会变迁中，社会流动的形式与内容昭示出从传统社会走向近代社会的历史趋向。剖析牙商的社会流动，可以从一个侧面反映时代行进的这一历史特征。牙商的社会流动方式可以简单地分为上下流动、职业流动等。

第一节　牙商的上下流动

社会流动存在多种形式。根据社会流向，可以划分成向上流动或向下流动，也就是所谓的"社会上升"和"社会下沉"。

一、牙商的向上流动

总体来说，向上流动的基础形态主要有两类：一是个人从底层进入上层阶级；二是一些人建立了一个新的社会团体，加入了更高的阶级，代替了原来的阶级，或与原来的阶级平起平坐。

1.牙商个体的向上流动

牙商的向上流动通常体现为一个学徒或者小生意人发财后变成一个大资本家或者富翁。这种情况在华北省份并不少见。在天津、烟台、太谷、青岛、济南、潍县、石家庄等地，有些牙商拥有几十万甚至几百万的资金。就像当年盐商和典商一样，是商界数一数二的有钱人。比如天津的朱德禄、高鋆堂、王云贵、高万书、郭德俊、郑运年、李需源、郭道贞、解承湖、马安良、张祝三、杜端昆、刘俊林、杨德山、张玉山、李迈先、薛云屏和赵福权等人，这些人的佣金总额在四百万元以上；烟台的双盛泰、和顺恒、万盛和、商大成栈，都有一百万元左右的资产；杜家人在山东掖县沙河镇开办了牙行，资金总额达到了两百万元；寿光富户孙元高创办了一家牙行，资金达到一百万元。那么，为什么牙商会

"一夜暴富"，而且他们的资金越来越多？通过案例研究，可以帮助我们更好地了解牙商向上流动的原因。

高必明是山西省牙商中从一穷二白走向富裕的典型。

高必明出生在山西省祁县谷恋村，因家庭贫困，少年时在太谷县恒锡庆的一家油面铺子里做店员。他才华横溢、勇猛精进，不甘心寄人篱下，1918—1919年间，他鼓动榆次县北田村的侯家书，投资了五千元，在太谷县城东城外开办了德义生粮食行，由高必明担任总管，雇佣了十四五名伙计。这家中型粮食行的开业，充分彰显了高必明经商的才能。

高必明拥有丰富的粮食管理经验，1934—1935年，他买了一块地，盖了房子，又自己掏腰包办起了聚利川粮食行，很快他又开办了义利川粮食行。在高必明的管理下，这两个粮食行成为左右太谷粮市的核心之地。

高必明对粮食行有极高的管理热情，不管是三个、五个还是一百个商户，他都会满面笑容、兴高采烈地迎接并完成交易。除了为客商销售当地的杂货外，他也与晋南地区的商户有联系，许多石家庄和邯郸的商人都对其有极高的评价。

高必明的"粮盘子"生意是他的致富之道。民国年间，太谷县各地的牙商所经营的粮食行，与华北其他地区的粮食行差不多，既从事谷物的现货买卖，又从事期货买卖。在本地，粮食的期货交易叫作"粮盘子"，只有在粮食行里才能进行，每一家粮食行都要预付三千块的订金，而"粮盘子"价格固定的时间是半个月，时间一到，就可以修改价格。半个多月，市面上的粮食价格起伏不定，盈亏就像是一场赌局，既有风险，也有收益。如果不是专业人士，就得找一家叫"打佣"的杂货店，而杂货店可以从中获得一定的提成，比如每一石麦子可以抽五厘银子，一次盘子可高达1000石，光提成就是一大笔钱。1934年《山西省大观》上记载着，每家粮食行光代人做买卖，就能每年赚 79,830 元的提成。[①]

在"粮盘子"的买卖里,高必明是最受欢迎的一个。那时,在太谷的县城里,有一间名叫天盛庆的粮食行,老板戴全斌常常把"粮盘子"的生意交给粮食行。有一次,他让高必明去"打佣",订购了数百车麦子,但在这段时间里,麦子的价格直线下降,天盛庆支付不了提成,就托人去找了高必明,让他帮了一把。"粮盘子"的买卖虽然有一定的风险性,但利润却极高,不仅太谷本地商人都会参加,外地商人也会参加,石家庄、北京、天津等多个地方的商人也纷纷派出能人,到太谷去进行交易。高必明的生意很好,其他人一般都只做成一两百辆车的生意,他每次都能做成六七百辆,一辆马车的货物如果是 250 石,那么七百辆马车就是 175,000 石,也就是 140 万元。没有足够的实力,很难做成这么大的生意。

高必明在"粮盘子"生意上表现出色,不久便发了财,仅用了几年时间就在太谷县东门建了 7 所院子约 300 个屋子,储备了 50 万斤的粮食,还在祁县东观和太原开设了好几个分店。于是人们称他为"太谷粮王"。高必明作为卖粮的牙商,他在十多年的时间里,由一穷二白一跃成为商业巨头,这充分说明了牙商生意的巨大利润。

第二位要详细介绍的是孙东园,他是河北省的牙商,从一名学徒工发展成一个大富翁。

孙东园(1877—1939),原名占先,是直隶丰润县(现河北省丰润县)的一位牙商。1895 年,由于家庭贫困,孙东园到天津打工,先在大同兴货栈当了个学徒,后来又升任总管。1906 年,他与赵斌共同创立了同和兴,并担任了店长。店面成立之初,主要经营唐山地区的白肉及代理运输。1912 年之

---

① [日]障军山周部隙本部:《山西省大观》,生活社,1940 年版,转引自《晋省粮食市场之中心——太谷粮行概况》,《方志资料汇编》(第 1 辑),第 127 页。

后，孙东园改良了经营方式，开发了代客购销山货、粮食、皮张等多个行业，吸引了来自各地的商人，同和兴渐渐发展成了天津地区最有名的一家货栈。自从孙东园开创代客存储服务、接待客商住宿、代客采购杂货、代客转运、代客代销等多种经营方式后，逐渐被同行视为典范，争相模仿。到了1930年左右，孙东园所管理的同和兴牙行已经发展成一家集多种业务于一身的大型牙行机构，商户遍布全国，业务范围广泛，利润丰厚，在天津牙行中数一数二。

下面针对孙东园的商业成长史进行简要概述。

1906年，孙东园、赵斌等人出资3万元，成立了天津河东的陈沟子，以孙东园为发起人，股东以赵斌和张俊峰为主，他们来自直隶唐山一带，孙东园是经理，赵斌是副经理，张俊峰是会计，一共有三十多名员工。[①]

孙东园的店铺开张后，改变了以往由牙行代销一件或多件商品的传统做法，改为替人代销各类商品，避免了同一位客商因商品过多而穿梭于不同仓库的烦琐。从孙东园的仓库销售到华北内地的商品有稻谷、棉布、棉纱、面粉、五金、纸张、中西药材等，而从华北内地运到孙东园仓库的，则是各种粮食、棉花、皮毛、油料、油脂、猪鬃以及各种出口的手工业。

孙东园还为客户提供代理货运服务，并在河北区的西窑洼江边开设了同和兴分牙行，也就是"北仓"，替旅客租小船，装载各类货品。北仓除了与客商洽谈业务外，还对所寄出的各类商品进行严格管理，深受广大商户的好评。

牙行产业初期的经营惯例是：牙行里的牙商将承运人的货物装好，然后再派人护送，一旦出了意外，则应自行承担责任。民国期间，军阀纷争、土匪猖獗，在偷盗盛行的年代，商户经常会因为各种物品被抢、被盗、被火烧

① 中国民主建国会天津市委员会、天津市工商业联合会文史资料委员会：《天津工商史料丛刊》（第4辑），未刊，1986年，第133页。

毁等意外事件而担惊受怕。孙东园见状，就在天津牙商界率先承接了对客货包运的生意。所有铁路沿线列车车站，都可由同和兴牙行承揽。当商人把货送到同和兴仓库时，双方就会订立一份运输契约，约定在运输过程中，如果出现意外损坏，则由同和兴牙行按照一定的比例进行补偿。虽然商户向孙东园承揽支付的运费比其他牙商多，但出于保险考虑，商户们还是选择由孙东园运输，并且其他牙商负责搬运的货物很零散，没有大宗生意，不能单独承包一辆货车进行运输，而孙东园的生意量大，货物集中起来能够承包整车，安全性高，同时也能够节省运费。孙东园还会和各家保险公司打交道，以保证货物在运输途中遭受损害能够得到赔偿。这样一来，孙东园代理商户的货物越来越多，收入越来越丰厚。从经营至今，同和兴牙行的规模逐渐壮大，到了1913年，孙东园用仅仅七年的时间创收20多万元。[①]

孙东园在积累了足够资金后，把同和兴牙行从一个普通的企业经营模式转变为现代资本主义模式。1913年后，孙东园召集股东召开了一次会议，将同和兴牙行改名为同和兴股份有限公司。股东的红利全部增加，从3万元增加到10万元，并且拿出一笔资金在租界处盖起了楼房。同和兴股份有限公司不仅为商户提供商品买卖，而且提供价格低廉、待遇优厚的服务。

在民国之前，商户到天津之后，都是找牙商单人做生意。在孙东园开设了"同和兴"杂货铺，并包揽了代理货运、仓储等业务，创建了以餐饮、住宿、贸易为一体的新型股份制企业后，天津各地的牙商都在模仿孙东园的管理方式。由于商户越来越多，他们出于保险考虑，会把自己的钱放在牙行里，等所有的货物准备好后，再由牙行支付款项。孙东园以此为契机，扩大了营业范围，增加了为商户办理存款、贷款业务。孙东园的公司对商户的存款实行零利率和预付款，光是这一点，公司就赚了一笔不菲的利润。1916年以后，

---

① 政协天津市委员会文史资料研究委员会：《津门老字号》，百花文艺出版社，1992年版，第113页。

随着各地商户的增加，商户的收付和结汇也越来越多，孙东园不断扩大自己的生意，并开始为外省商户处理承兑和支付费用。在当时，私人银行只存在于国家的大型城市，中等城市和小乡镇基本没有。各地商户到天津采购，往往不方便携带大批现金，均是开具的支票，因此天津必须要有能够代付款项的牙行，因为同和兴股份有限公司的经营范围广泛、人脉广泛、声誉良好，所以也承接了代付款项的业务，从事的外汇交易活动日益增加。在此项交易中，孙东园不但可以从中获得佣金，也可以获得短期利息。由于商户在付款前都会将支票转到孙东园公司，在发出支票后，商人往往会延迟两三天，有的甚至延迟六七天才付款。因此，商户的钱要预先打到孙东园账户上，在天津要等到货物清点结束后再付款，这笔钱会在孙东园账户上停留数天，可以由孙东园随意支配。若商人的货款晚于规定时间到达，孙东园可以预先垫付，但商户随后必须支付按日计算的利息，因此，孙东园公司实行的存款不盈利、垫款赚利息运营模式，为他赚取了丰厚的利润。

到了1930年，孙东园经营的同和兴公司已经发展成为一家规模较大的、拥有150余名员工的大型代销机构。公司的客户遍布全国，业务范围广泛。在天津牙行中，获利也是数一数二。孙东园开设的粮食行替客人们销售各种粮食，还会自买自销；孙东园还成立了一家米行，负责米的生产加工，并以此为由，向当地商户收购大米，从中赚取提成；孙东园的棉业行，主要是从华北内地进口的棉花中收取一定手续费和租金；孙东园的山货行，主要负责销售瓜子、核桃、黑枣、花生、核桃仁、杏仁等，还有一个很大的库房，用来存放各种货物；孙东园的皮张行，就是为客人提供各种各样的毛皮，并收取一定的租金和佣金。这时，同和兴公司的盈利已经达到了100万元，扣除建筑费用和股东的红利后，也达到了30万元。另外，公司每年盈余都能积攒10万元，加之客源不断增长，资金不断增长，除了代理销售、代理运输外，公司还开展了大规模的自产经营。同和兴公司每年秋季过后，都会派遣大批员工到外地采购粮食、棉花和山货，到天津进行贩卖。因为公司拥有便利的铁路交通，所以能够在较短的时间内获得大量的利润。

1920 年，孙东园等人与莫荫轩合伙在天津估衣街经营同升和帽庄，此后逐渐发展壮大，在北京设立了分支机构。孙东园还在河北省胥各庄站设立了华兴同货栈，面积超过 40 公顷，还拥有自己的铁轨，已成为胥各庄最大的一家货栈。华兴同货栈模仿天津同和兴公司的商业运营模式，以客户为中心进行销售，代理运输各类食品、棉花、木材、猪鬃等。华兴同货栈还代理开滦煤业和英商德士的煤油，拥有轴室，制造轴瓦，销售全国。

孙东园于 1937 年年初去世，他的长子孙冠儒出任公司总经理，同时还雇用了天津市商业总会主席刘静山作为公司的荣誉主管，以便处理与外界的关系。1941 年太平洋大战后，日本洋行横行霸道并控制了主要市场资源，同和兴公司的代理贸易、运输业务大幅缩减，棉花行被撤掉，工人被裁掉，全部的流动资金都用来购买了布匹、粮食、面粉、山货等商品，囤积起来为日后公司运营做准备，在此期间，公司借助囤积的货物做着投机倒把的买卖，赚了一大笔钱。

从孙东园的事例中我们可以看到，孙东园等人从 1906 年起仅借助 3 万元便开始做牙行生意，不到三十年便创下了百万利润，创造了牙商致富的奇迹，世人无不赞叹。

第三位要介绍的是一穷二白的农民一夜之间变成亿万富翁的事迹，主角是山东省平度具沙梁村（今南村镇）的綦官晟。綦官晟在青岛开了一家名为"同丰"的小店，生意蒸蒸日上，仅 1932 年至 1934 年间就创收了 100 多万元的纯利润，使他迅速跻身青岛豪商。由此可见，牙商行业的利润颇丰。20世纪 30 年代，綦官晟的牙行有员工 60 多人，常年雇佣的劳工 340 人左右，总资产大约在 200 万元。青岛的大米、花生、棉纱、棉花等市场行情，都被綦官晟控制，码头上的农副产品也大都由綦官晟负责，各家银行都会给綦官晟放贷，西镇有 200 多个工人，常年负责运送綦官晟的物资，綦官晟的仓库里常年准备着 10 万条麻袋运送货物。綦官晟在青岛开设了 3 个油坊和一个 15 亩的大库房，还有 3 个牙行开设在沙梁村。

接下来具体介绍綦官晟是如何从一个穷小子变成一个大富翁的。

綦官晟生于 1876 年，祖祖辈辈都是农民。他们一家只有 12.5 公顷的田地，是本地的一户普通农民。他从小就很聪明，也很勇敢，因为家里穷，为了帮助父亲耕作，只念了五年书就退学了。他深刻地体会到靠土地发家致富没有任何希望，于是向家人表明自己不再种田，开始经商。

一日，他去了一趟沙梁集市，发现岔河村的乔吉丰一大早就跑了过来，满头大汗。他心中起了疑窦，岔河村距离沙梁只有 3 公里，为何乔吉丰出了一身的汗？因此他对乔吉丰的一举一动都很关注，当他看到乔吉丰在银子市游荡时，突然想到乔吉丰在胶州城某家银行工作，他猜想乔吉丰快马加鞭地来到沙梁集市采银，很可能是银市即将出现变动，就跟着乔吉丰买了一些银子。没过多久，银两的价钱水涨船高，这次买银让他发了一笔横财。又有一次，正值春天，天气却又开始寒冷起来，他预见到小麦的产量降低，小麦的价格提升，就开始储备小麦，很快，小麦价格暴涨，他的盈利更多了。

经过这两次盈利的资本积累，綦官晟开始从沙梁村转移到青岛从事商业活动。他初到青岛，因经济条件所迫，只在东镇开了一间小小的铺子，经营估衣和杂货，赚的钱只能勉强养活两三口人。1922 年，他在青岛北京路 45 号成立了一家名为"同丰益"的商行，替商人代购农产品，由各股东推荐其为总经理。从做牙商生意的那一刻起，他逐步向巨商迈进。他所经营的"同丰益"牙行，刚开始只有一万多元的总资产，在青岛市的农产品代理业里不值一提，不过，綦官晟擅长经商，1930 年他便成长为青岛百万富翁。

綦官晟之所以能够成功，是因为他注重技术，赢得了外资的信赖。那时每年六七月，气候酷暑，农副产品中的生油正处在酸败时期，根据与外资签订的合约，当时的生油质量根本达不到要求，而代购的生油合格率也达不到50%。[①]为此，他找来了德国的专业人士，引进最好的设备，严格把关。如此一来，同丰益就成为"高品质"的代表，甚至可以和日商三菱、三井、东和这些公司进行较量。外商每次都能和綦官晟签署7500吨的生油合约，那时，他一旦和外商签订合约，市场上的生油就会涨价，反之，市场就会走低。靠着和外商做贸易，他一年能赚取数十万元。

綦官晟的致富之道还来自他为商人提供现货买卖，同时也从事期货买卖。1932年，他得知全球花生的生长情况好于往年，认为花生价钱一定会下降，于是就做了一笔期货买卖。在阴历八月，他一次卖掉6000吨花生，合约期限是在阴历十二月末，当时买家是广商景昌隆号的黄汉池。黄汉池在美留学，擅长管理，有很丰厚的资本。黄汉池见綦官晟在青岛做的买卖和自己有冲突，于是故意要将綦官晟打倒。在和綦官晟签约之后，黄汉池和青岛市的土特产代理公司合作，成立了一个庞大的财团，叫作普利公司，还和其他公司约定禁止向綦官晟销售花生。在这期间，黄汉池鼓动当地银行不给綦官晟放款，期望綦官晟会出现资金不足问题，到时花生供不应求，一旦供应不上，綦官晟就会被压倒。由于合约上规定明确，如果合约期满交货不及时，买方不但可以拒绝所有的订单，同时也可以根据合约要求赔偿罚金。綦官晟不但没有退让，反而卖出了2000吨花生，买家依然是黄汉池。实际上，綦官晟另有打算，他悄悄地向内地的一家银行借了80万元，派遣精干的人手分成三条线路办理生油和花生的买卖。到了农历十二月上旬，就在黄汉池梦想着即将接手同丰益之际，綦官晟从外地采购的生油、花生，由陆路、水路一起运送进来，市场因此而大受波动。綦官晟通过这次交易净赚了60多万元，而黄汉池的普

---

① 山东省政协文史资料委员会：《山东工商经济史料集萃》（第3辑），山东人民出版社，1989年版，第30页。

利公司随后迅速破产，黄汉池本人也遭受了巨大的损失。

綦官晟通过做期货赚钱的事例数不胜数。还有一次，他在报纸上看到安徽棉田发生了一场大面积的棉灾，他立刻收集了整个国家的棉田情况，知道当时的情况并不乐观，所以他就开始做棉纱、棉布买卖，收购了很多棉纱和棉布。之后，棉花价格确实大幅上涨，他从中获利颇多。

从高必明、孙东园到綦官晟三人的身上，我们可以看到一个时代的发展脉络。他们是从一无所有开始奋斗，从贫穷到富有。

2.牙商群体社会地位的向上流动

上述案例代表着牙商个人的上升渠道，事实上，在民国期间，全国牙商主导着整个市场商品流通，他们逐步发展为社会上层、执商界的牛耳，同时改变着牙商整个群体的社会阶层。

根据资金力量的强弱，牙商的社会身份往往被划分等级。经历了新旧变迁，商业资本中已构成一种新型的金字塔型组织。底层的结构没有太大的改变，依然是各式各样的农村城镇和集市，有很多底层的商户；中间阶层是一般的商户，以及各个批发集市、小牙行、中转商等；上层商业以前由旧式的盐、典、钱等势力垄断，到了民国时期，开始由牙商、号庄、银行垄断。所以，牙商团体社会阶层的向上流动也反映出他们在商业领域的主导地位。

济南商业协会的4名成员是朱璧斋、王协三、穆伯仁、孙郋五，他们四人不但以生意人的身份加入这个协会，而且还被推举为济南商业协会的会长及副会长，这也充分说明了牙商在商业界的权威。

1920年，山东济南商埠商会分会27名会董成员中，牙商占了15名。商业协会的会董通常需要具备较高的威望和影响力，这意味着只有社会地位较高的人才能担任这个职位。许多牙商都曾担任过商业协会的会董，这也表明了当时牙商在社会中的显著地位。

通常，担任会董应要参考下列条件：一是人才，是开创企业的卓越之人；二是身份，必须是公司的大老板或大股东，经营企业；三是资质，必须在此地经营5年，年满三十；四是声名，要受各方势力支持。由担任会董的名单中能够看出，牙商中不乏杰出人才，1920年，被选为商埠商会会董及特别会董人员的牙商中，有4位创办了粮食行，2位创办了布行，2位创办了炭行，其余创办了花卉行、木行、线行、油行、医药行、土货行等。这些担任会董的牙商，无一不是在商场上摸爬滚打了多年，见多识广，颇受商人们的拥护。

1912年至1916年，天津商会会董中无一名牙商入选，可见，在民国早期，牙商力量较弱，在商业上处于劣势。1918年，天津商会重新选举，投票结果显示共有1570票，其中牙商共有32票，占比2%。这意味着此时牙商已经进入了商会的视线，他们的身份也在不断提升。在过去的数年里，牙商的势力越来越强，在天津的地位也越来越重要，他们还进入过天津管理部门工作，参与过政治决策层事宜。1920年6月30日，商会宣布新任会长、会董人选，共有60人，46岁的牙商展文炘首次当选商会会董，这表明牙商开始在天津商界立足。此后，牙商组织不断壮大，人才不断涌现。1924年，在天津商会公布的60名会长、会董人选里，牙商占了3个；1929年，牙商孙东园成功当选为同业公会会长，负责经营天津干鲜果品业同业公会；1931年，天津市商会选出32人，其中有3人是牙商，约占10%，分别为"刘禹三，55岁，籍贯安新县，北同丰泰斗店经理，通讯处河北邵家园子""边筱峰，44岁，籍贯滦县，大昌兴货栈经理，通讯处特别二区""展桂山，52岁，籍贯天津市，晋义商栈经理，通讯处针市街"。[1]牙商在天津市商会成员中的代表人数不断增加，表明了牙商在当时社会阶层中地位的不断提高。1934年，17名牙商联合成立了天津市货栈业同业公会，由此可看出当时的牙商团体已形成了一股自

---

[1] 天津市档案馆等：《天津商会档案汇编（1928—1937）》（上），天津人民出版社，1996年版，第45—46页。

主性的社会组织。1934 年，天津商会宣布新一届会长及会董 32 人，其中有 4 个职位由牙商担任，约占 12.5%，四人分别是"会长，刘静山，47 岁，通县人，代表干鲜果品业公会，商号同和兴货栈，店址特别二区""常务董事，屈秀章，40 岁，天津人，代表杂粮公会，商号启泰栈，店址特三区大王庄""董事，刘耕青，59 岁，天津人，代表斗店公会，商店同孚新，店址北阁外""候补董事，常钧，别号亨裔，54 岁，天津人，代表货栈公会，商号永益货栈，店址特三区"[①]。这四位牙商担任商会的主要领导职位，标志着牙商在天津商业领域取得了领先地位。1943 年，天津商会新一届会长及会董名单出炉，其中仍然有 4 个是牙商，约为 12.5%，四人分别是"会长，屈秀章，43 岁，天津人，代表杂粮业同业公会，商号启泰粮栈，店址特三区大王庄""董事，岳福臣，49 岁，山东福山人，代表货栈业同业公会，商号兴隆栈仁记，店址义租界东马路""董事，王玉衡，56 岁，天津人，代表斗店业同业公会，商店同孚新斗店，店址北阁外""监事，王静圃，54 岁，天津市人，代表木业同业公会，商号寰记厚木行，大口河沿 108 号"[②]。

从上述在商业社会底层阶级晋升到执掌顶层职位的牙商团体中，可看出整个牙商团体向上流动的良性发展。

二、牙商的向下流动

牙商的向下流动有两种情况。一是牙商个体从上层社会跌落到底层，而上层阶级不会衰落或瓦解；二是牙商所属的整个阶级地位的下降，相对于其他团体，相互瓦解或者整体衰败。

---

① 天津市档案馆等：《天津商会档案汇编（1928—1937）》（上），天津人民出版社，1996 年版，第 45—46 页。
② 同上。

从"百万富翁"变成"小商贩"，一穷二白，这种情况不在少数。让我们首先来看看高必明与綦官晟这两个人的向下流动过程。

高必明是山西省太谷县粮食行的垄断者，威望极高，受到了朝廷的重视。当时高必明的竞争者有"四大家族"之一的孔祥熙、山西巨商阎锡山，他们两个对高必明的商业垄断非常嫉妒，曾多次涉猎粮食行业，与高必明斗争。

孔祥熙是山西省太谷县人，他的祥记粮食行在太谷。孔家的粮食行在粮食市场上声誉不错，引得当地粮商纷纷投效，寻求庇护。高必明虽然被称为"太谷粮王"，但是面对祥记粮食行这样的对手，在抗衡过程中也会有失败的时候。

高必明和孔祥熙之间曾出现过商业斗争。有一次，高必明的"粮盘子"与祥记粮食行发生了冲突。粮食行一口气买了四百车高必明的麦子，约定三天内按时付清。高必明本想着，祥记粮食行不可能一下子支付这么多钱。不料，祥记粮食行马上致电南京，恳请孔祥熙在三天内调集巨额资金予以支持。孔祥熙的支持未果，祥记粮食行眼看付款延期，便向阎锡山求助。阎锡山资助的400万元，刚好在三天到期之时交付。祥记粮食行便叫高必明到祥记去提款交粮，高必明没有那么多粮食，只得向太谷商会求情，最后以高于粮食原价一块六角的价格收购。

经过这次冲突，高必明和阎锡山及其官僚集团之间的矛盾更为严重。1932年至1937年间，阎锡山利用山西军事力量，在山西省晋阳县一带进行了大量官商交易，以粮食为主的太原县、榆次县是交易中心，四大粮食行分别在太原县、榆次县、原平县和太谷县开设了"货仓"，从事粮食、棉花的交易。太谷县的粮食买家李成斋在一次"粮盘子"买卖中，购买了高必明、李尔禄的粮食。高必明、李尔禄的储备仓库里有足够的粮食，所以粮价一路飙升，到了最后，一石的价格已经达到了11.06元，李成斋强迫高必明与李尔禄停止交易，但是期限已到，高必明、李尔禄都没有足够的粮食，粮食行出面斡旋，李成斋才同意将每石的价格降低到 10.06 元。最后，李尔禄损失了 15 万元，高必明除了赔偿损失之外，还将东门的粮食行交给了太谷县商会作为抵押。阎锡山以此为借口，把高必明关进了监狱，占据了他的利川粮食行，改名为太谷粮食行。之后，高必明斥巨资从监狱出来，但数次损失已经让他失去了往日的荣光，从此，太谷粮王消失不见了。

高必明在孔祥熙那里吃了大亏，与阎锡山交手又损失惨重，终于一蹶不振。高必明的衰落历史表明，牙商之所以会向下流动，其中一个重要因素就是他们在与官僚争夺利益时处于不利地位。

下面将介绍綦官晟的向下流动，体现了当时社会的另一种情形。

在青岛开设牙行的綦官晟，是一位资金充裕的大商人。就在綦官晟事业蒸蒸日上的时候，抗战爆发，綦官晟被一场突如其来的灾难弄得倾家荡产。

1938 年 1 月，日本人占领青岛，占领綦官晟的库房，作为海军的军事库房，同丰益的货物便没有地方安置了。1939 年春，伪青岛政府以日本政府为借口，将綦官晟的牙行全部占用，并敲诈了綦官晟一笔巨款。没过多久，綦官晟的大部分资金都被消耗一空，这次灾难对綦官晟造成了毁灭性的伤害。1940 年，同丰益号完全倒闭，綦官晟躺在病床上，日子过得很艰难，直到 1949 年青岛解放后，全家才搬到了平度县南村镇的沙梁村。没过多久，綦官晟就在一贫如洗中去世了。

綦官晟是一个典型的资本主义牙商，在 1939 年日本帝国主义的侵略下，顷刻间关门大吉，让人唏嘘不已。

接着要讲的是尚广霖，他是一位爱国主义牙商，主动将自己经营很好的牙行关闭了。

尚广霖在 1930 年创立了鲁豫通杂货铺，抗战爆发前，他经营的货铺生意达到了鼎盛时期，为客人提供了各种各样的商品与多样化的交易，比如晋城的钢铁、琉璃、蚕丝、红果、种子等土特产，经由鲁豫通仓库的驼队、担脚，源源不断地运往河南省、河北省、山东省、北京市、天津市，还运输大量的洋货和京货，例如土布、洋油、火柴、红枣、稻谷等，在泽州的古路上形成了一幅美丽的画卷。尚广霖不仅经商天赋异禀，还极具爱国主义思想，每当他回到家乡，便会不断地把爱国理念灌输到年轻人身上，并将爱国主义付诸实践，比如他是晋城县文献委员会的主席，同时也是晋城医学馆的教授，为晋城县的医疗卫生事业提供了大量专业技术人员。尚广霖在发生灾害时向百姓放粮，出资捐助上元巷医学馆和晋城县文献委员会等公益组织。

山西陷落后，1938 年 6 月，伪中华民国临时政府任命苏体仁为伪山西省省长。苏体仁想利用尚广霖的声望以及他的日语天分，加强日本在山西的势力，于是派人到晋城把尚广霖带到山西，主持日伪的教学工作。尚广霖不怕权力，不在乎自己的性命。他不但拒绝了苏体仁的请求，还把苏体仁骂得狗血淋头，斥责他认贼作父的恶行，还说苏体仁做了叛徒绝对没有好下场。

日本人入侵晋城，给鲁豫通货栈造成了很大的冲击。1940 年，日本人迫使鲁豫通的仓库为他们运输钢板。日本人将晋城的生铁做成板子，然后再运输到日本去生产。尚广霖怒不可遏，决定关掉鲁豫通的经营，并发誓不再向日本运送货物。鲁豫通货栈的破产，让尚广霖身陷窘境。面对贫穷的生活，他没有退缩，反而经常教导后人不要做叛徒。1943 年，尚广霖带着对国家和人民的担忧而辞世。[1]

抗日战争期间，牙商的生意一落千丈，这一点并不只是体现在綦官晟、尚广霖两名牙商身上。其实，当时的中国正处于军阀纷争的年代，国共内战、抗日战争、解放战争等持续不断，都是导致牙商向下流动的原因。例如："从

---

[1] 张广德：《爱国人士尚广霖》，载殷凤仙：《晋城城区文史资料》（第 4 辑），未刊，2001 年，第 143 页。

民国十四年至十六年（1925—1927 年），国内军阀混战，皮行被肆意掠夺和敲诈勒索。邢台皮行元气大伤，一蹶不振。"[①]

除官吏掠夺、战乱动荡之外，造成牙商衰退的主要因素还有几点。

一是天灾。像洪水、旱灾、意外火灾等，这些都会让牙商的业务变得冷清。1920 年，华北鲁、豫、晋等省出现了严重的干旱，许多地方庄稼歉收，还出现了霍乱，造成大量老百姓死亡，华北的许多牙行都倒闭了。1939年 8 月，冀省及豫北、鲁西一带洪水泛滥，造成了严重的灾情。根据天津商会于 1939 年 9 月的洪水灾害统计，天津五间牙行的损毁总额约为 173 万元。1949 年，"同和兴酒店被一次火灾摧毁，同和兴唯一一家最大的商铺变成了一片废墟"[②]。

二是遇到"荒账"。牙商的"荒账"范畴与普通商户有很大区别。普通商户所谓的"荒账"，就是拖欠账款之后产生的债务。而牙行的"荒账"，除了拖欠产生的坏账之外，还存在着替人经营的风险。由于被商户委托买卖，很多牙商在购买或销售商品之后，不会当场与商户计算款项并支付，会许诺日后返还。在此情形下，商户若不遵守承诺，则有拖欠债务变成"荒账"的危险。

1941 年太平洋战争爆发，日本人侵占香港，香港有能力的牙商都逃到了南洋。天津中裕行的一位老主顾，即香港的万顺城商行，行里所有的员工都逃到了新加坡。这次失去老主顾的意外，让天津中裕行失去了大量金钱，生意陷入停滞状态。

天津锦记店曾经被两笔"荒账"狠狠地中伤。第一次是 1925 年，在天津

---

① 张树林、杨洪超、刘延思：《邢台皮毛业的兴衰》，见河北省政协文史资料委员会：《河北文史集萃》（经济卷），河北人民出版社，1992 年版，第 126—127 页。
② 李省三：《天津同和兴货栈》，见政协天津市委员会文史资料研究委员会：《天津文史资料选辑》（第 52 辑），天津人民出版社，1990 年版，第 124 页。

锦记店经营干货的日本商户，多因东京地震而拖欠大量板栗款，变成了"荒账"。这场"荒账"差点把天津锦记店给拖下水，幸好有大股东的支持才渡过难关。日本侵略中国后，这一事件就被搁置。第二次是1940年，天津锦记店有一批美国和加拿大进口的桃子，不幸陷入"荒账"，损失惨重，外销不畅。

三是牙商的期货交易不成功。期货买卖是牙商从事的一项特别交易。为了理解期货交易对牙商的风险，我们对其进行全面的解读。华北地区主要从事农产品贸易，但由于时令的原因，农产品贸易常常受到制约。农业生产大多在秋季成熟，因此，秋季之后，牙行的贸易最为兴隆，例如粮食、棉花、干果、皮张等皆以秋天为好。最鼎盛的时候，大约是农历的9月和10月。从阴历9月至春节期间，大量商品被送到牙行。而从深秋到盛夏，农产品的销路基本停滞，主要是因为新货还没有进入，没有货源。在这段时间里，牙商们会根据自己的情况，与商户谈好农副产品的售价，并在新的农产品推出之前进行交易。从事期货交易的牙商面临着巨大风险，许多牙商因此倒闭。比如天津的刘长平，在从事期货交易的时候，3个月内就把10万元全部损失掉，还欠了3000元。山西省盂县西烟镇通常把期货买卖称为"买空卖空，打虎发财"。"打虎"，就是先谈信用，摸清对方的底细，再签订契约，约定购买粮食、出售粮食和交货期限，并作下抵押，到期时按约定提款或支付，赔偿金额以当时粮价折算，最长一年。但事实上，这只是一场理论上的赌博，做期货交易，风险极大，胜则成为一方巨富，败者则被彻底淘汰。比如西烟镇的德亨通，就是因为这个原因倒闭的。[①]

四是牙商放款不能回收。牙商贷款业务有信用放款和抵押放款两大类。在我国早期，牙商放款给商户时都非常慎重。若是与牙商没有交情的商户，

---

① 刘振汉：《西烟镇粮行斗店的内幕》，载政协山西省盂县委员会文史资料研究委员会：《盂县文史资料》（第1辑），未刊，1986年，第88页。

在将货物送到牙行后，便要与牙行进行交易，数量之多，实属不易，这与牙商最初的资金限制有关。但由于牙商产业的发展，牙商同行之间的竞争十分剧烈，若不能大量贷款，就会出现供不应求的情况。到 20 世纪中期，牙商产业蓬勃发展，同行之间的竞争日趋激烈，只要有一两个商户引荐，就可以从牙商那里借钱。到了秋天，银子一到，如果商户再没有进货，那么几个月之内，小型的牙行就会关门大吉，因此贷款给商户存在很大的风险性。即便是经常运作信用放款的牙商，也对此持谨慎态度，对信誉好的商户大量借钱也难以保证绝对安全。理由有三：一是市场上的状况起起伏伏，商户损失惨重，向牙行借款，实在是无以为报。二是有一些商户，平时信誉不错，一旦生意赚了钱，就会把牙行借给他们的钱换成其他东西，不会还钱给牙行。三是牙行雇佣的员工不乏有动歪脑筋的，他们与商户串通，伪造商户的名字，为其贷款，从中牟取暴利，损害牙行利益。抵押放款是另一种形式的融资方式。抵押放款表面上没有任何风险，但在实际中却存在很大的风险。当商户把商品送到牙行时，可以根据货物的价值，把货物价值 45%到 80%的钱先垫付给牙行。若有一位商户拥有 2 万元现金，则能向各家牙行借贷 34 万元。其运作方式十分简洁，以 2 万元的商品给甲方抵押，假设借款金额为 1.4 万元；又买了 1.4 万元的商品，从乙行贷了一笔款，乙行也按 70%放款，商户就能拿到约 1 万元。于是又买了一批商品，继续抵押 1 万元，由丙行放款，假设是 70%，商户就能拿到 7000 元。如果要典当，每件价值 2 万元的商品，可以获得 3 万元至 40 万元的现金，这是较为谨慎的商户的做法。如果是胆子大的商户，他们的抵押率会更高，可以从他们抵押的货物中获得更多贷款。若行市正常，卖掉商品后，可以先从商户的抵押贷款中扣除，然后将剩下的钱还给商户。但如果运气不好，商户的债务比他的贷款还要多，他就没有能力还债了。信誉好的商户，会慢慢地付清他们的贷款，但如果他们亏空了，也不肯立刻把他们储存在牙行里的东西卖掉，而牙行也不能替商户卖掉，那么牙行就会蒙受巨大的损失。日本在 1945 年投降之后，天津市场的商品价格急剧下降，商户储存在牙行的存货，由于价格下跌，没有办法偿付，商户从牙行那里借来的钱也付不起，他们虽忍着痛苦，以低廉的价格卖出了他们的商品，但对整个市场来说是徒劳无益的，许多人都破产了。

五是金融危机带来的冲击。1929—1933 年发生了一场由资本主义引起的金融危机，1931 年金融风暴席卷中国，导致货币贬值、商品短缺、货物大量囤积，造成了严重的经济损失，许多企业相继破产。1932 年，河北省邢台县的牙行皮革商店就倒闭了 70 家[①]。山东省的鸡蛋店、牛棚、药店等牙商生意日渐萧条，各行各业的牙商都要缩减业务范围。庄维民的实证结果显示：在农业行业，由于行业间的竞争与厂商之间的相互竞争，使得我国流通领域内的供需关系发生了改变：一是以往以牙商为主要经营对象的厂商和商户，逐渐脱离了对牙商的依赖性，开始"自行采购"。同时，随着外资大量涉足海货，以及与大陆的贸易往来日益频繁，有关产业的牙商也被迫缩小了经营规模。

[①] 张树林、杨洪超、刘延思：《邢台皮毛业的兴衰》，见河北省政协文史资料委员会：《河北文史集萃》（经济卷），河北人民出版社，1992 年版，第 126—127 页。

第二节 牙商的职业流动

中华人民共和国成立后，社会组织结构出现了一系列变化，职业流动进一步扩大。职业流动是个人或家庭从一种工作向另外一种工作的过渡。牙商转移到工业企业家、银行家、批发商、实体商变得十分普遍。

一、牙商向企业家流动

在现代市场经济条件下，牙商的大量资金流向了工业，并在现代社会形成了一个巨大的资金源。下面要讲的就是牙商和牙商家族向企业流动的典型案例。

1.穆伯仁

穆伯仁出生于贫苦家庭，靠牙商生意发家，从晚清到抗战之前，他先后在山东博山县开设了同和泰货栈，在济南开设了同聚和粮食行、德兴和粮栈等，资产超过 200 万元，是济南乃至山东地区的一位大富豪，素有"商贾师表"的美誉，曾任济南商埠商会的主席。穆伯仁的经营能力和管理能力极强，他从一个卖煤炭的贫民，一夜之间变成了一位大人物。穆伯仁在积蓄了足够的资金之后，开始涉猎实业，创立了十多家工厂，主要集中在山东省和山西省，其中比较有名的有南惠丰面粉厂、太原晋丰面粉厂、济南的仁丰纱厂等。1916 年，他又在济南创建了通惠银行，并担任了主席。1919 年，山东总督田中玉钦佩穆伯仁，任命穆伯仁为山东参谋，各地的政务大臣遇到商业上不明白的事宜，都会询问穆伯仁，他也因此在山东享有盛名。

穆伯仁在功成名就之后，一直致力做慈善工作。例如：1918年利津黄河溃坝时，他筹办了一个募捐会，号召社会各界人士募捐，自己先捐了3000元。1921年，穆伯仁在家乡雅和庄捐赠了一所德兴中学，这一事迹还被官府嘉奖。1935年，穆伯仁临终时对子孙后代说："我们都是穷人家的孩子，能活到今天，不愁挨饿，已是万幸，发财不能忘记老百姓，我一直打算将30亩地分给我们的族人，另一半分给乡亲们，希望你们不要辜负我的期望。"[①]1935年12月，穆伯仁在济南去世。

2.苗氏家族

在济南商业圈，苗氏家族与穆伯仁同属两大名门。20世纪30年代，因为穆伯仁的商业版图无人继承，所以苗氏家族才能更进一步。济南的苗氏企业相继在济南成立了4个牙行、1个煤仓；在津浦、胶济两条铁路上设有30多个分庄，为全国各地的商人提供代购和销售各类食品业务。苗氏家族凭借着在牙商生意上的积累，在济南发家。此后，苗氏家族从商人转向了工业，成立了几十家大公司，并将业务扩展到了西安和南京。苗氏各家牙行，兼作客商和自产自销，其业务战略大致可以分成以下几方面：

第一，快速了解市场情况，了解各类资讯。粮价变化很快，要能迅速地进行运输就需要保持通信体系的畅通。苗氏经商讲究的是信息渠道，收购和销售的时间都很准确。在胶济、津浦、陇海等主要粮仓的30多个分庄中，每逢夏、秋粮食丰收之际，苗氏便会安排员工打探消息，新粮食一出，各地市的电报昼夜不停。苗氏家族的苗杏村和苗星垣都是自己处理信件，从来没有让别人代劳过。市场变动，苗氏牙行可以在数分钟内向全国各大牙行通报。因此，在市场上，他们占据了绝对的优势，获得了大量的利润。

[①] 李障天、阎象吉：《淄博经济史料》，中国文史出版社，1990年版，第217页。

第二，垄断买卖。由于资金充裕、分支机构多、服务态度好等优点，苗氏家族在国内建立了大量的粮食行。如此一来，苗氏家族就在市场上形成了一个巨大的垄断圈，可以对物价进行微调，对一些地区的商业进行控制。

而他们之所以能独占市场，就是因为他们的高超技术。苗氏家族的各个仓库中都有一群专业员工负责检查粮食品质。所以，在那个时期，只要有苗氏印章的粮食袋子，不管销往哪里，每一百公斤价格都会高出两角钱。

苗氏家族向来以诚信为本。1915年，广东商人订了一批花生期货，但后来花生价钱飞快上涨，有的地方甚至采取了"劣质""掺杂使假"的方法销售。广东的商人得知此事后，立即派出人手询问。苗杏村知道，用好东西来替换劣质商品，肯定会吃亏，但失去这样的客户，对苗氏家族的发展也是一种打击，于是爽快地答应下来："我会按照约定，按时发货，所有损失都由恒聚成负担。"

苗氏家族不仅独占广东的生米业，而且获取了中国著名"面粉大王"荣宗敬和荣德生两人在济南经营的茂新面粉厂的独家代理权。

第三，进入官场阶层。在民国初期，军阀混战，普通的商业活动是不可能完成的，加上各地粮价变化很快，收买官员才能方便交通，否则很难做成大单生意。苗氏家族之所以能蒸蒸日上，与其走上仕途、借助各种社会关系谋取利益有着千丝万缕的联系。

1920年，苗星垣创立了同聚长粮食行，因其才华横溢，善于社交，在社会上颇有声誉，五四运动期间曾加入过济南工商联，之后又当选为济南各团体评议委员会的委员，多次出席基督教青年大会。苗星垣还在济南创办了《大民主报》，由于苗星垣人脉广泛，苗氏家族逐渐跻身上流社会阶层。同时，他充分利用自己的社交网络，为企业发展做足了准备。

苗氏家族在经营牙商产业积累了大量资金之后，便开始涉足工业：1920年，苗杏村开办的成记面粉厂；1921年，苗杏村和苗星垣共同创立济南成丰面粉加工厂；1925 年，苗杏村创建同顺泰面粉厂、恒顺泰面包厂；1932 年，苗星垣、苗杏村成立了成通纺厂；1955 年，苗星垣创立成丰面粉西安分厂；1937 年，苗杏村成立了十余个企业，其中包括成大纺纱。[①]

3.向工业企业家流动的其他牙商

除了穆伯仁、苗氏家族，还有不少牙商在资金充裕后开始进军实业。天津第一座轧钢公司，即天兴公司（现为天津市轧钢四厂）的资金大部分来自牙商。20 世纪 20 年代，天津的轧钢行业无人涉足，同发祥钢铁行的员工孙布雷见日本轧钢行业发展迅猛，便与天津同发祥铁厂的刘荩臣、天津兴记铁行的宋玉琳、天津玉兴栈铁厂的秦凤翔等人联手，筹措资金 4 万元成立了天兴公司。20 世纪 20 年代，济南第一家机械炼油和面粉加工厂是由山东济南兴顺富粮食行的经理张采丞创立的。此外，济南 9 个机械面粉厂中，有 4 个是由牙商创办的，分别是惠丰、华庆、成丰、正利厚。1932 年，宋斐卿创立了位于天津意大利五路的天津东亚棉纺工厂，是一间以"抵羊"棉纱闻名的纺织厂，其经费也来自一位牙商。宋斐卿出生于山东益都县，其父宋传典曾在济南及天津开办过德昌洋行、德昌商社，主要从事外贸方面的生意。河南大和恒面粉厂（今安阳市面粉厂）是由齐竺山、齐如山、齐寿山三人创办的，以"狮子"牌面粉闻名，主要资金也来自牙商。1915 年，齐氏家族出资 2 万元，分别从北平大同粮食行、北平和益局粮食行、河北省束鹿县的恒聚隆粮食行筹措资金 2 万元，成立了大恒面粉厂。北洋商办的纱工厂，又称北洋纱厂（现为天津市第六棉纺织），当时由吉士珍、范竹斋、张向泉、张东荪、鲍子周、黄献臣、翟静波、王筱洲共同创办，是天津最大的一家纱工厂。8 名创始人分别是瑞兴益、庆丰益、敦庆隆、隆顺、隆聚、同兴益、万德成各布庄、永利

[①] 苗兰亭：《苗氏工商业兴衰五十年》，见山东省政协文史资料委员会：《山东文史集萃》（工商经济卷），山东人民出版社，1993 年版，第 36 页。

银号的行主。他们各自出资 25 万元，共 200 万元，成立了天津城外小刘庄的一家织造厂。山东烟台第一家机械厂中安厂、山东第一家机械染厂双盛潍染厂、周村第一家机械缫丝厂裕厚堂厂、恒兴德机械缫丝厂等，均是牙商出资成立的。1919 年，天津庆长顺同记斗铺老板张良谟、天津万春斗店老板张星樵、天津长顺同记斗铺老板张兰舫、天津华丰玉斗铺的于华庭、天津同顺公司的刘壬三以及五个牙行商人，在河北宁河刘鹤龄等人的帮助下，集资 30 万元创办了天津福星面粉公司。

牙商对近现代工业和矿产的投入也很大，许多牙商创办了工业公司，这说明牙商拥有的资金是现代工业发展的主要经济资源。

二、牙商向银行家流动

除了流向企业家，有些牙商也从个体转为了银行家。例如：刘子山（今山东省莱州张县人），他曾数年蝉联青岛第一富豪，早年从事的是替客人做草帽辫生意，后来有了足够的资金，他就从一个穷苦的农夫变成了一名大银行家。1918 年开始，他先后创立了青岛东莱银行，随后又在济南、天津、大连、上海开办了东莱银行分行。

刘子山生于 1877 年，是山东省掖县湾头村的一位农民。由于家里人口太多，他很小就辍学了。21 岁的时候，他来到了青岛，在一户德国人家里做佣工。他很聪明，也很勤奋，在短短几年内就掌握了德语。1908 年，他开始业余给德国建筑师当翻译员，不久就熟悉了建筑生意，并开始进军牙商。起初，他代理建材生意，赚得盆满钵满，并有了一些资本。1910 年，他在山东青岛泰安路肥城路拐角处，开设了福和永杂货店，主要替商户买卖草辫，生意红火。[①]

　　1918 年，有了做牙商赚取的资金后，刘子山将业务拓展到了金融领域。东莱钱庄便是他在青岛创立的。当时，青岛由德、日等外资大行把持，东莱的创立突破了国外的独裁统治。1919 年，刘子山先后在天津和济南开设了一家银行。1923 年，他在东莱银行的投资增加到 300 万元，并在上海开设了一家支行，借了大量资金，借用中国银行的纸币，开始了新的纸币发行。1926年，他把天津东莱行改称为总公司，青岛行改称为分行。1928 年，该行从天津迁至上海，并在大连开设分支机构。

三、牙商向批发商、实体商或牙商兼实体商转变

　　早期牙商的首要功能就是向商户推销商品，维持着中介的特性。但很多在城里做生意的人，都会迅速地跳出这个束缚，有些人会自己动手做生意，变成批发商、实体商或牙商兼实体商。

　　牙商逐渐流向城镇的批发商、实体商或牙商兼实体商，与当地环境、经营方式及职能的变化密切相关。

　　首先，华北地区的牙行，大都是在具有悠久历史的地区形成的，或者是在市镇人口不断增长，需要迅速进行商品和手工业交易的地区形成的，在某些销售国外商品或国产新型机械设备的流通行业中，比如五金、西药等，则是由零工组成的，实力较强、资金雄厚的商户大多直接从事批发生意，根本没有中间商的地位。

　　其次，在这一段时间里，中国牙商处于一个关键的转折点，即在此期间，中国牙商与国家之间的联系逐渐失控，试图走向"自由化"。这主要体现在

[①] 青岛市北区文史资料研究委员会：《青岛市北区文史资料》（第 1 辑），未刊，1989年，第 78 页。

大家对牙行的接受程度。例如天津租界的牙行可以免于领帖，在这种情况下，天津的部分牙商，不但在领帖问题上效仿租界，还学习租界处的管理模式，表现出了脱离政府管控的趋势。初期，由于仍维持着"代购"的中介地位，许多牙商迅速打破了原有的"代理交易"模式，逐渐从低价"吃进"转向以更高的价格"卖出"，从而获取双重利润。

牙商转向批发商、实体商、牙商兼实体商，主要是因为：第一，由于商户贩卖的商品量很大，牙商不能一下子销完，时间长了对商户不划算，他们宁愿一次性降价将货物批发给牙商。第二，买家从牙行采购商品，一份清单上的商品种类很多，而牙行货存数量太少，根本满足不了买家的需求，所以牙行必须储备足够的商品。第三，由于代购的提成是有限度的，所以，由牙行先批发，然后再分批出售，这样可以降低货物的价格，也可以在批量出售时增加进项和利润。此外，牙商拥有大量出口生意，因为要出口商品，所以牙商只能先从国际市场购入转而销售。

从这里可以看出，牙商流向批发商、实体商或牙商兼实体商的趋势，与世界商业的发展是一致的，可以说是一个历史性的发展。下文以北京工商界转型为例，阐述牙商向批发商、实体商、牙商兼实体商转型的进程。

1916年以前，北平的棉农是专门出售棉花的，后来由于牙商的转型，京兆财政司下令废除了牙行，根据《商会法》，成立了一个名为"京师棉业商会"的棉商团体，取代了牙行，并对其进行征税。1935年，在北平经营棉花的牙行已渐渐淡出了历史的长河。这个城市原先的棉花行大多变成了批发庄。北平崇大门外的鸡市，最初以牙行为贸易枢纽，后来逐步转变，到1930年，只剩下了万盛、任和、同德三大牙行，到1935年，只剩同德一家。不过值得注意的是，尽管北平大多数牙行都变成了批发和零售店，但这并不能阻止那些非法建立的牙行仍然在经营着他们的生意。例如1934年7月26日《益世报》刊登的一篇采访显示：交了棉花牙帖的棉花行，大多以棉纱批发商为主，也有些是向各家零售店出售，而不是替人做生意；反倒是那些不收银子的布铺、广货铺、丝线铺等，都是以贩卖棉纱为生的[①]。在北平，果行的牙商原来只是引荐生意的中间人，到了 1934 年，因时势所迫，牙行渐有落伍之势，社会文明的发展使得民智渐高，商户更倾向于自由市场，果行的牙商开始自产自销。20 世纪 30 年代中叶，北平粮食牙行虽然还是以代销为主，但由于资金积累，交通便利，加上时代进步，其经营范围远不止于此。除了替人做生意之外，粮食行还从事仓储、运输等业务。因为客栈或行铺的消息很灵通，所以当生意好的时候，他们就会派商人出去收购粮食，再运到其他地方去卖。客栈或行铺处负责采购货物的叫作"外柜"。外柜通常是具有一定资历的牙行员工，具有一定的远见。"外柜"不但购买货物，还为本店的人拉生意，替客人做生意。行商在各处收购商品的叫作"坐庄"，收购之后，再送到别处出售的叫作"倒庄"或者"行庄"。各家客栈大都在购进货物后，立即送回行铺出售，或从外地运到别处出售。例如，北平的志成粮食行经常在山西的太谷买小米，在榆次买黑豆，运往石家庄；广生粮食行经常在河南盐城市购买大豆，销售到溪口。在有了大量储备粮食后，又在市面上大量销售的，如北平的"春元楼"。

　　除了北京牙商向批发商、实体商或牙商兼实体商转型之外，华北地区也有不少牙商向批发商、实体商或牙商兼实体商转型。山西省曲沃县的德盛泉每年储存上万斤粮食，靠着大量粮食批发销售，获得了巨大的利润。1918 年，在山东济宁开设的东昌隆牙行，虽有牙帖，但自开业以来，主要经营的是批发和代销业务。由于主要从事批发，所以分为卖庄和卖客两种：卖庄，即卖给当地的零售商、水果店和甜品店；卖客是向外县的商户和乡村商贩销售。因为买卖贸易兴旺，牙行里的牙商有 60 余名，大部分是已被辞退或失业的人，因其了解牙商行业，又重新干起了老本行。

① 文彬：《目前的痛苦是牙税过重》，《益世报》，1934 年 7 月 26 日，第 8 版。

天津达孚货铺于 1940 年开张，在各条铁路线的货物运输点上均设立了外庄，联络客商，以求采购，因此生意发展得很快，后来者居上，一年的利润就高达 20 多万元。

河北无极县郭庄村是民国时期最繁华的地方之一。最初在市场上有很多当地的布铺，为张家口以外的西北口镇代买无极县及邻近藁城县、新乐县、定州县一带的纺织品。20 世纪 20 年代后，由于商品经济的发展，一些土布代买商逐渐开始从事批发和零售业，不再代买。比如察哈尔、绥远、正定、深泽、冀州等地的商户，还有布店德茂隆、聚和、新泰、复元、德和、同益、广升、公聚祥、同义永、全盛、广盛泰、德聚诚等布店[①]。

20 世纪 20 年代以来，山东省的牙商零售规模不断扩大，尤其是粮栈、杂货等。例如 1936 年，济南有名的粮食行恒聚盛，其自主经营的比例已经达到了 81%，仅有 19% 的委托代理；在此期间，玉丰城粮食行共自营 28 万袋大米，代理销售 4 万多袋。山东牙商专业机构的自主化和批发式的扩张，使得牙商成为综合中间机构和批发的商人。一方面，对于山东本地的中小型商家来说，牙行就像批发商一样，扮演着分疏货物的角色；另一方面，对在外地的商家而言，则充当中间人，从事货物的远距离交易。

由代理交易发展到个人交易和批发，并成为批发商、实体商或牙商兼实体商，是华北地区近现代牙商发展的总体趋向。华北牙商的社会流动性，既顺应了当时的时代潮流，又顺应了现代的市场交易规则，给大宗商品的市场买卖行为带来了一系列变动，其中包含了买卖人、买卖关系与交易体制的变迁，反映出新旧并存、多元化的趋势。

虽然牙商自购自销赚取的利润丰厚，但经营起来难度很大。一是可能会让人生厌，被人欺负。二是原产地的包装、运送、服务等条件都不完善，很

---

① 刘宗诚：《扬名西北的郭庄布店》，见《河北文史集萃》（经济卷），河北人民出版社，1992 年版，第 51 页。

难自己购买。因此，很多牙商都觉得不如等商户自己送上门方便。此外，近现代运输业发达，货物源源不断，没必要自行采购。还有的产业，因为利润太低，所以他们只能代客买卖，没有能力自己做生意。比如鸡鸭行，经常要跟农民和摊贩打交道，身份卑微，被那些上流人士看不起。在民国时期，北平所有的市场都是以76个牙行作为中心进行买卖，各家菜农把蔬菜送到北平，再通过牙行卖。牙行可以全权代理卖家和买方进行贸易，这种买卖制度，从明朝一直延续到了清朝。又比如天津著名的"斗店"，从明清时期的"斗局"到后来的"斗店"，再到"斗店股份有限公司"，尽管已经扩张了不少，但经营的本质却是纯粹的"中间人"和"牙商"。所以，有些牙商无法跳出"代购"模式是因为华北各区域的市场发展程度不同，区域间的商品交易量不足；另外，这与牙商管理的保守也有关。随着时代变迁，经营牙行的资金、实力、抗风险要求越来越高，面对实力的短缺，很多牙商都只能保持目前的状况。

第七章　行店与行店员工

　　行店作为当时商业交易的一种重要方式，不仅满足了人们日常生活的需求，也成为了经济活动的重要支柱。在这一时期，行店的交易手续、行店员工的工资待遇，以及他们的生活状况，都构成当时商业社会的重要部分。

第一节　行店的交易手续

一、重庆药材行栈的交易手续

重庆药材行栈在交易时的手续主要有五个方面：

第一，看货议价。行栈介绍售货人在行栈、山土字号（以贩卖山土药材为业务）、广土药材字号（以买土药卖广药为业务）等地当面看货议价。

第二，成交。货品成交时，须用公会制发之四联交单，一交买方，一交卖方，一交公会存查，一交行栈存根，交单如下：

定单第一联（行栈存根）

今介绍（号卖）（号买）议定每百斤实价银元算照规

民国　　年　　月　　日

字第　　号

定单第二联（公会存查）

货品　　件数　　每百斤实价银元算照规　　售货人　　买货人　　经手介绍

民国　　年　　月　　日介绍行栈（盖章）

字第　　号

定单第三联（卖方）

议定（号买）每百斤实价银元算扣兑实号照（盖章）

民国　　年　　月　　日

字第　　号

定单第四联（买方）

议定（号卖）每百斤实价银元算扣兑实号照（盖章）

民国　　年　　月　　日

字第　　号

　　第三，发货。行栈发货，有由行长经发于买方者，有由行栈通知卖方，由其经发买方者。注意之点如下：行栈发货时，由行栈出具发货票（又名秤觔单），票上注明货品、件数、重量、日期，交与售货人，以便照票收货。售货人方面，出具代售票，注明货品、件数、重量、日期，交与售货人存查；凡卖方发货于药材行栈售货者，力资归卖方付给，买方向药材行栈买货者，力资归买方付给。

　　第四，交兑货款。交兑货款以1月为限，分两期交付。

　　第五，盖印。卖方发货后，须将簿记（盖印簿）送交行栈盖印，再由行栈送买方盖印，作收到货物之证据。①

---

① 重庆中国银行：《四川省之药材》，中国银行总管理处经济研究室，1934年铅印本，第96—99页。

二、河南郑州棉花行的交易手续

棉市是河南郑州地区最大的贸易机构，分为贩运商和棉花行两类。棉花行又叫"牙税行"，专门代理贸易，是进口和出口的中介。棉农也可以分成两类：一是进口，二是出口。进口商是从原产地运输到郑州销售，出口者是在原产地自行经营、直接出口，或在郑州购买，贩卖到上海、青岛、汉口、天津等地。

棉商办理业务流程大致分为六项：

一是"赶场"。从原产地向郑州的外国商人运送货物，如果不直接进行出口，而是在当地销售，必须通过棉花行的引荐才能达成交易。郑州的棉花牙商，除了在郑州设庄的出口者外，大多住在棉花行内。棉布运到货栈，凡是和货栈有生意来往的商号，都会派出一个管事去查看货物，这就是所谓的"赶场"。

二是"看大样"。如果卖家想要卖货，就会在挑选好东西后，前往买家所在的地方进行交易（如果货物太多，或者买家不多的话，就会协商去买家那里还是去卖家那里）。若商户觉得这件商品符合自己的需求，可以立即派出工作人员，到货物堆砌的地方，挑选一件商品，进行检验，以示"看大样"。

三是商量价钱。如果买家觉得合适，可以通过牙商向卖家提出报价，如果卖家愿意的话，这笔买卖就完成了。如果买方和卖方在价钱上不能达成一致，那么牙商就会对双方的交易进行撮合，牺牲一部分佣金以迎合双方客户的需求。

四是称重。价钱谈妥后，买卖两家及牙行就会立刻开始称重。在吊秤时，除了四两到五两的绳子以外，其他的包布都按棉纱的重量来计算。

五是运输。称好后，买方可按单收取，并在规定的存放或包装位置交由牙行员工搬运。

六是开具订单。当天晚上，买家就会开出一张列明所需商品的目录，包含包数、重量、价值等交付卖方，并于 3 天之内付款。[①]

三、甘肃羊毛过傥行交易手续

甘肃省是中国内陆边疆，在我国西北部，因此，这里的羊毛贸易非常发达。过傥行是一种专门从事毛皮交易并收取提成的职业。过傥行的业务流程分为五大部分：

一是谈货。各客庄的毛商或各家商行都有牙行，他们会寻找买家，说明毛料的来历及质量等，以供毛商熟知。

二是看样。买家找好了，牙商就把原料拿来，由买家仔细打量，确定一个临时的价钱，而不是最终的成交价。

三是选择样品。买方检查完样品后，需商定时间，然后由双方核对所有的毛料，若与毛料一致，则正式谈妥价钱。

四是称重。价钱敲定后称重。买方、卖方和牙商聚集在一起，牙商负责称重，买方和卖方在一旁监督。

五是交易。双方称重后成交。偶尔也会有一些小买卖，由牧民们将一些羊毛卖给小毛贩子，他们会先验明毛料，然后站在路边，用袖子比画一下，称"摩手"，然后再付钱，无须牙商称重，这样还可以免去手续费及其他相关的开支[②]。

---

① 金陵大学农学院农业经济系：《豫鄂皖赣四省是棉产运销》，金陵大学农业经济系印，1936 年 6 月，铅印本，第 118—119 页。

② 郑成林：《民国时期经济调查资料汇编》（第 11 册），国家图书馆出版社，2013 年版，第 182—184 页。

四、南京粮食行交易手续

南京粮食行有专门的代理交易，牙商从中获取提成，其中有自己的人，也有经营粮库和贷款的人。河行作为粮食牙行，专门负责替客商买卖，并从中赚取提成。资金雄厚的河行也有自己的客栈，以典当贷款。所有从河边进入市区的粮食，都经过河行手中，所以被称为"河行"。另一种叫上行（沪锡一带的叫作"皮箱"），也是粮食牙商，他的职位介于行店、米厂和米铺之间，没有自己的生意，只有一个人，代表几家米铺奔走于米市场，探听行情信息，代客进货，领取津贴谋生活。

河行的业务流程分为七步：

一是吸引商户。牙商最大的生意，就是替人做生意，凡是从水路来南京的商贩，都会因为人生地不熟卖不出去货物，所以每次到了码头，都会跳到江边去找人帮忙。而江城的商号，也会派人去三岔河的码头，向他们汇报价格，吸引更多的商贩。

二是向商户推销商品。河行接到客人的样品后，便通知来往的商家，或带着货物去商户云集的地方。

三是定价格。河行定价，必须事先征求船家的许可。所以，河行的职责只是销售，至于货物的定价，还是由船主来定，不管是不是要买，都要看买家的意思。

四是运输。当牙商确定买家后，立即告知船商开始装运货物，并请求出货量。

五是付款。付款是先由河行支付，如买方在本店拖欠或拖延付款，则该河行要承担全部的欠款。货物运出后，船主急于启程，必须由河行预先垫付款项。如果货物还没有到港，或者货物还没有运输，需要付款，则可以提前从河行贷款。若河行与船家有交情在，则付款时即便无法结算也可以继续进行流程，把结款事宜转至岸上。

六是预付款的回收。在河行将货物过户后，由"稍行"或"笤行"转交买方已垫付的账单，一般于货物到达后的第二天晚上，由买方支付所有款项，交情好的延迟两三天支付也可以。

七是提成。当河行与买卖双方完成一笔生意后，按照惯例，河行会出具需要支付的钱款数额，买卖双方平摊支付给河行，一桩生意就算完成了[①]。

上面的买卖程序涉及四个重要步骤：一是打听行情。在接到米铺的任务之后，河行员工每天早晨都要到粮站和粮商云集的地方，打听货物的种类和价格，再向米铺汇报。二是代理业务。当米铺需要采购时，河行可以代为采购。三是出具账单。成交后，买家将货物交给河行，并将货物的种类、数目、价钱、交货地址等写在纸上。四是交易完成。卖方将货物和货物清单送到买方处，即米铺，货款结算就完成了。

五、河南牛羊皮行的交易手续

河南的牛羊皮行是牛、羊交易的重要场所，皮行的业务流程分为五大环节：

一是替客户采购。外地皮商先到牛羊皮批发市场上的皮行，询问市价，觉得有利润，再由专人到此集市，与皮铺商定价钱和质量，再由其代购。

二是寻找皮贩。接到代购任务后，皮行就会把这件事告诉皮贩。皮贩接到消息，便从邻近各乡的皮商那里购买货物，然后卖给皮行，以此赚取利润，这就是所谓的"投贩"。

三是皮行接收货物。皮行将货物收集起来，由皮商检验。皮商对皮行与皮贩之间商定的价格并不干涉，皮商和皮贩之间也没有任何联系。

[①] 林熙春、孙晓村：《南京粮食调查》，社会经济调查所，1935年，第7—9页。

四是包装和缴税。经行内同僚代为包装，皮商支付包装费和商税。

五是运输。由货运公司将货物送到指定地点后，由货主持货票来领货[①]。

六、万县桐油过傲铺的交易手续

万县是四川省的主要桐油批发市场。在桐油贸易中，买卖双方不得进行直接买卖，而是必须要通过过傲铺。在每间过傲铺里，都会有以下几个步骤：

一是"赶场"。每天吃完早餐后，各家各户都派出商贩，挨个打听有没有买卖，这就是所谓的"赶场"。

二是"议价"。因为油铺经常把油价降得很低，所以出口商经常会上调油的价格。至于价钱，则由两家商谈，若有同行在场，则以"手式"成交。

三是填写"交单"。交易完成后，以"交单"为凭证。"交单"也称"受货单"或"定单"，由公会所制，有存根、买方和卖方。如果是买家，则在"三面议定"下面写上"代收部分桐油"；卖主写的是"借桐油"，"授""受"二字就是"购""售"。

四是"交头"。在交易完成后，每 1 万斤的货物，都要先支付 700 元的定金，这就是所谓的"交头"。

五是提成。买卖双方都要付给过傲铺佣金。

六是收油交油。在规定的时限内，由过傲铺的工作人员陪同出港的收油工，到油库进行检查收油并交付给油铺核验[②]。

---

① 河南农工银行经济调查室：《河南之牛羊皮》，河南农工银行经济调查室印，1943 年铅印本，第 17 页。
② 张肖梅：《四川经济参考资料》，中国国民经济研究所，1939 年版，第 7 页。

七、南昌粮食行的交易手续

南昌粮食行的经营范围是：经人引荐，凡是从外地运来的谷物，不论是稻谷、豆类，还是杂粮等，都可以由粮食行代为引荐；外地采购粮食的商人，也可向粮食行申请引荐；市内的粮种买卖，除了在各个谷庄买卖的谷物、稻米以及少量商人从稻米工厂订购的米之外，都是由粮食行引荐买家。

南昌粮食行的贸易程序有五步：

一是派员接触。从各地运来的粮食，一到南昌，所有的粮商都会回来禀报，各家商号会派人前去商谈，商议货物的情况，争相引荐。

二是卖货或者等待买家来看。若商人对货物有信心，就会送些样品放在柜子里，其余的送到机器碾米场，让稻米加工厂验收，随后等买家来取。粮食行和稻米加工厂互相都有联系方式，事先就知道所需商品的质量，一旦有货轮运抵，他们就会立刻挑选适合的货品，以便于快速交易。

三是签订交货期。按规矩，买卖双方都要见面，但一般只有熟人才能见到，生客卖谷物，极难见到买家。如有常客，则由买家本人到店内与卖家商谈，成交后签订交单，注明价格、数量及交货日期。

四是过斛。扒夫过斛，由粮食行负责，安排装卸工搬运。在这之前，粮食行要向船主支付船税，每石米银子五元。

五是签订合同。买卖双方和粮食行都签订了合同。在没有签订合同之前，卖家可以和多个粮食行进行谈判，谁家的价格高，他们就会把钱交给谁家，和投资模式差不多。一旦签订，就再也不能更改，其他粮食行也不能再招揽该卖家。但在生客中，买家不现身，全凭粮食行安排，往往订了货市价却忽降，有意延宕以逃避执行，托词买家还没有找到，或买客尚无现金，使卖客无法久持，自动降级或另投他行。由于每多逗留一天，便多花一天的开销，加上船员的食宿耗费大，卖家只好作罢，以减少亏损。俗话说，货到此地止，货到此地死。宾客必须遵守所有规则，不然，粮食行将以违反条例为由，向同业公会提出处罚申请，并将其扣押。

六是提成。在经过引荐之后，粮食行将按照商品价值的3%抽取佣金，再从中抽取1%分给粮食行员工。另外，船夫的劳务费也多由粮食行代付，再从货款里扣除。

七是结算货款。卖方只和粮食行打交道，不管买方有没有支付货款，卖方都会向粮食行索要。如付款期限届满，买方没有现金支付，粮食行将垫付钱款给卖方，但仅限常客，所代付款时间及数目，依买卖双方的交情而定，一般一周内，不收买方利息。[①]

八、湖南省经纪商行的交易手续

牙行一般都是代理交易，从中收取一定的提成，有些也会自由买卖。牙行搜集货物渠道广泛，有制造商向牙行求购的，也有牙行派人到生产地去买的，数量多的，多采用这两种方式，而数量少的，则是从当地商人那里购买。买方和卖方的贸易方式是，货物从牙行那里购买，或者是牙行从卖家那里拿到货物，把货物放在仓库里，然后先付给卖家钱款，如果货物没有了，牙行会在付款中扣除预付的钱款，然后把剩下的钱还给买家。对于熟识买家，则是购买、出售、交付、支付，都由牙行完成，具体的支付方式因地区而异。有的是直接付款，有的则是通过别人推荐，有的是先付一部分（比如三成或五成），再一次性全付，除此之外，还有用支票的。而牙行的提成，则根据情况和个人信誉而定，各地各业情况不同，收取的提成也不尽相同，大概在2%到3%之间。[②]

---

① 余其心，陈予心：《南昌之粮食行》，《江西农讯》，1935年，第1卷第23期，第430—442页。
② 朱羲农、朱保训：《湖南实业志2》，湖南人民出版社，2008年版，第1240—1241页。

九、江西粮食牙行的交易手续

江西的粮食交易，都有牙行负责引荐，名字五花八门。南昌、吉安、赣县、涂家埠、九江、吴城、湖口、临川、浒湾等地称牙行为粮食行，樟树一带称为河行，在丰城等地称为陆尘行（当地也有粮食行，负责经营米谷，陆尘行经营杂粮），鄱阳称为六尘行，李家渡、上顿渡依靠牙商引荐，另外，南昌、九江、吉安、临川等处还有私牙。虽然称呼各式各样，但从事的工作类似，都是介绍外客及本地交易。

粮食行对外商进行贸易，一般分为六个环节：

一是接触。邻近旧货市场或其他批发集市的专家、船夫、商贩、储户等，都是以谷物和糙米为主，但很少有熟米。到了港口，所有在江边的商贩都来了，想要引荐。鄱阳的粮食行招揽客人时，手持一瓶白酒和一包豆腐，就像对待酒店客人一样。

二是拿样品。粮客入行后，有专门的人送来样品，每批样品一斤，用纸包裹着，上面写着稻米的品种、卖主或船主的名字及来历，陈列在行内的竹碟中。

三是推销。由牙商带着样品到各地叫卖。

四是牵线。在交易过程中，若买卖双方是常客，大多是面对面的，价格的高低、交货的手续和所用计量器具的用途，都是牙商来说服和安排，有时候撮合困难还会补贴一些佣金。若买方和卖方是外地人，卖方应向买方说明其所需的价钱，然后再与买方协商，以商定价钱。

五是在合同上签字。当买卖双方达成协议后，签订交货单，并标明价钱；发货时间由买方、卖方和牙商分别签署和加盖，并附上一张卖家的样品，以便在交付时进行检验。

六是交货。"交割时，有专家告知过斛者，也有行中店伙过斛，大多数市场皆有专门过斛之斛工，买客及牙商在旁监督，每过一担，由船户发筹，然后运至买方店中，交货收筹。若有一艘船只失手，将筹码漏掉，那么这一块没有筹措的稻米，就由挑担人获取，或者由牙行来分配。""卖方和牙行都是一伙的，有时候一位买家会买多件东西，或者一件东西由几家人一起购买，但价钱却是不同的，在鄱阳城，一天之内，每笔交易的价钱，都要看第一笔交易的人，直到第二天前不能再议价。"

外地商人进入粮食行，办理的程序也分为六个方面：

第一，外商投行。江西大米十分出名，经常有外地的客人到这里来买，但他们对本地的情况一无所知，对商品的需求一窍不通，对市场的了解也很少，比如衡量公文的尺码、货币的折算等。所以，他们愿意和粮食行做生意。

第二，收集货物。外来客人的交易量通常很大，一般一次几千斤，有时候是几百斤，大多是熟米，有专门的人去找机器产米，不够的时候，可以去工厂加班制造。

第三，谈判。卖方大多带着货物，与买家讨价还价。一般小型买家，只要告诉粮食行所需要的数量和可以出的价钱，就可以立即交货，不愿意就不做。各家的价钱也是参差不齐，有时候是粮食行向买家汇报各个卖家的真实价格，有时候又是粮食行衡量过后向买家进行一番解释，最后再与买家分开结算。

第四，注意样品的尺寸。待货到了，粮食行就会把每一家的货物都拿出来，价格、交货日期等写得清清楚楚，并陪着商户去各个地方查看样品。

第五，包装。在送货前，应先处理大米，然后将熟米包装好。包装的原料可以是客人自己准备的，也可以是粮食行提供的。大部分的包裹制作都是行里的朋友来做，所有的钱都是客人出的，装好后，行员会将货物缝制好，然后将货物运到船上。此外，若是有外地客人到江西米购，只要商品适合，就由粮食行牙商引荐。有时候，买家提供的是熟米，卖家要的是粗粮或者谷物，可以在双方都不占优势的情况下，撮合一下让双方都能接受。交易时，买主雇用船只靠近卖家的船只，将货物送到指定地点，由买家和卖家计算数量。

粮食行引荐一般分为五个阶段：

第一，代为推荐。大型的粮食行，一般不会在当地进行小规模的贸易，只会向当地的富商或储户推荐。

第二，推销。首先，卖家要将货物的种类、数量和价格告诉粮食行牙商，然后再由粮食行派人到各个作坊去卖。

第三，谈判。粮食行负责谈判。

第四，运输。讨价还价后，或由卖方将货物送到买家的铺面，或另请人手搬运，或因粮食行受买家委托，转托牙商去田间地头查看质量。

第五，提成。交易完成后，粮食行会收取卖家的提成。有些小型的粮食行，由于很难承揽到大规模买者，便会承接一些零散的生意，比如湖口及金裕之浒湾。

牙商介绍当地的贸易流程，一般分为四个阶段：

一是谈判。除了小型的谷物行之外，还有谷仓、谷仓、米场等。临川、李家渡、上顿等地的谷庄和谷场的居民，都有固定的交易点和简易的房子，每隔一段时期，就会由附近乡农将谷物送到，由买家和卖家亲自讨价还价，牙商有时也会替买家讨价还价。

二是过斛。价钱谈妥后，便由牙商将粮食过风，把稻米的外壳吹干，然后过斛。

三是把货物运送到买方手中。牙商将买家的店铺名称、种类、数量、价格、佣金等一一写成条状，然后将粮食送到买家的铺子里，有时会用带刺的锡盒，装着石灰，印在袋子的上方，以示粮食已被出售，防止送货人在路上偷拿。

四是支付。买主收到货物后，通常会再次称重，确认无误后，才会支付货款。新谷上市后，因谷价较低，或市场供应不足，谷行往往会接受稻米加工厂或储藏商的委托，到乡里采购，或随买者前往，商定价钱和交货期，然后由卖家发货，并支付货款。这样的买卖，一次少则几十斤，多则几百斤，比集市上的庄稼汉和商贾都要多得多。谷行也不时应储户或乡村富商的委托，替他们卖谷，将市场价格告诉卖家，然后派人带着样品去米铺等地出售，只要双方答应，就可以交易。[①]

十、顺德皮店交易手续

在河北南方，顺德（现在的邢台）因其得天独厚的地理条件、便利的运输条件，以及皮革工业的发展，成为了当时的商贸枢纽。顺德的皮店以引荐为主，"其中间引荐者，虽有劳动，但不参与生产。"[②]

顺德皮店的业务流程是这样的：皮货商人从全国各地把皮子运到顺德，再通过皮铺向天津和全国各地的商人出售，大部分皮贩会将皮子运往相关的皮铺出售。外地商人大多到熟悉的皮革铺去买东西，因为皮革铺的牙商也充当中间人，生意进展得很顺利。由于大部分皮贩都由皮铺支配，所以去往全国各地的费用都由皮铺支付，所有的货物，如布匹、丝带、洋广杂货等，都给皮铺做抵押，而索其利息。所以，皮贩每次回来，都会先去皮铺，将货物放入铺子里，待货物售出后，再按照出售货物的比例向皮店要佣金。而买主购货后，才向皮店支钱，所以皮店肩负的责任并不轻。皮店大多固定在当地做引荐生意，有时天津商业繁荣，也会将货物运到天津，因此皮具生意兴隆

---

① 农艺部农业经济组编印：《江西米谷运销调查报告》，《江西省农业院专刊》，1937年第4期，第48页。
② 《顺德皮毛业概况》，《国货年刊》，1934年，第134—138页。

之时，皮铺的利润极高。[①]

十一、湖墅米行交易手续

湖墅米行的经营者，兼具米商和牙商双重身份，当地人称之为"班线"。湖墅米行的特点是，即是客人，也是商人。其贸易的主要渠道是苏皖和嘉湖的船只，一般都是从船上运输到墅，办理的程序有：

第一，投行。投行是指通过卖方的推荐专门投资一条线或者同一时间对多个米行进行投资。

第二，样品制作。当米船开出后，行家会委托卖方在船上做样品，装上一块金属板，上面写着船主或米商的名字，供买家挑选。许多买主都在各处的米铺里集合等待。

第三，谈判。一般情况下，买家认可一艘船的样品，就会请行家引荐，双方协商，确定价钱后，立即开始出售，一笔生意就成了。

第四，付佣金。成交后，行家可以向买卖双方收取佣金，计算规则是船客每石须出 1 角，买方须出 7 分，在买方出的 7 分中，行家领取 4 分，剩下的 3 分当做回佣，即归买方的经手人领取。[②]

---

① 《顺德皮毛业概况》，《国货年刊》，1934 年，第 134—138 页。
② 孙晓村，昂觉民：《浙江粮食调查》，社会经济调查所，1935 年，第 30—32 页。

第二节　行店员工的工资和生活

一、南宁牙店内人员的工资和生活

在民国期间，南宁牙商所开办的牙行收入普遍较少，若食宿全靠牙行提供，则入不敷出。

一个经理，一个月 30 块钱的薪水，和牙商差不多；会计（含收发、会计、收银台、信台等）20 元左右；打杂的（做一些杂活，有兼代搬运和账房工作的，工资稍微高一点），10 到 15 块钱；学徒工（实习生）一年只有 10 块钱，或者只提供食宿和衣服，等过段时间再发薪水；由于厨师的技术和店铺的大小不同，厨师的薪水不固定。

抗战后，由于通货膨胀和价格的变动，行店工人由发月薪转为发大米。"普通的管事，两百斤；牙商，一百五十斤；会计，一百斤；帮工，一百斤；学徒工，五十斤。"除了固定的薪水之外，还可以拿到"花红"和"外水"。"花红"是"红利"，是指年底分红的一种形式。"外水"涵盖佣金收入、"下栏""打赏"（来自于商户的额外馈赠）等。"红利"是按照惯例，年底的时候，如果有盈余，可以拿出 10% 到 20% 的奖金，按照薪水或者级别来发放，大部分年轻人都没有。不过年底发奖金的行店很少见，有的干脆就不提了，有的则专供经理等高管用来抵消平时的支出，其他职员也不许过问。尽管行店职员的薪水很少，但一天要工作十五六个钟头，甚至有时候还要加班，只有过年的时候才会放假。除了本职工作之外，有时还有额外的搬运、打包、堆叠等工作。农历初一、十五结算账目更是忙碌，无论时间和工作强度如何，都没有加班费。

通常来说，行店员工吃得很好。"一日五餐，早点、早餐、中餐、晚餐、宵夜，食物较其他产业丰盛，加菜的次数较多，春节后陆续添菜"[①]，在正月初二、十六举行"烧牙祭"，供客人随意添餐。

一些牙商为激励行店员工努力工作，常常"发红股给能干的人，有的搞帮派，有的借钱给困难员工，有的私下里资助。"[②]

二、张垣斗牙行人员的工资和生活

民国期间，张垣（现在张家口市）斗牙行工人们的工资是按照股票来分配的，而"股"则分为"钱股子""身股子"。"钱股子"是为兴建牙行而进行的一项投入，"身股子"是指从事牙商工作的工人。"身股子"的分红，也叫"顶生意"，掌柜的是最高的，可以"顶"十成的"生意"，而其他的，则是根据工作能力、工作年限、贡献大小来决定。平常不花钱，但可以借钱，年底"算大账"。扣除当年所有的开销和明年的基础费用，剩下的都是奖励，剩下的多了，分得就多，剩下的就少了，分的就少。相当于现在的绩效工资待遇，所以大家的工作热情都被激发了出来。

"算大账"的日期一般定在阴历十六。到了发年终奖的时候，老板会对掌柜一年来的工作进行点评。"批点"是一种专业术语。在工作中，业绩优异者，主管有"双奖"，即"双俸"，晋升"厘"。同时，也会责备或开除不能履行职责的员工。

一个年轻的管事，第一年是做不了大生意的，少说也要三到五年才能"顶"

---

① 谭津：《南宁经纪行的兴衰及其内幕》，收入中国人民政治协商会议南宁市委员会文史资料研究委员会：《南宁文史资料》（1988年第1辑），第34—37页。
② 同上。

到"生意"，具体要视平日里的训练水平而定。左右开弓打算盘和盘斗加唱数的记账盘斗是每位学员入职后的必修课程，这都是在私底下完成的。如果你学得好，得到了老板的赏识，三年之内，你就能赚二厘半的利润。若是学得不好，五年都赚不到。

只要能接单，就能得到一些好处：一是生病了，行里会帮你治病；二是休班也可以拿薪水。即使去世，也可以领取三年的俸禄。[1]

三、山东济南粮栈、花行人员的工资和生活

民国期间，山东济南的牙商所开的粮铺，其职员的薪俸是有一定差异的。后聚成粮栈是"老板每月 20 元工资，伙计最高 15 元、最低 5 元钱，学员 1元钱，伙食和住宿都是店里提供的，一年一个月的时间休假，奖金是按照四六分比例来发放的"[2]。同济粮栈是"老板每月 10 元，售货员最高 8 元、最少 4 元钱，伙食和住宿都是店家提供的，一年三十天的休假，没有具体的分红，但年底会有额外的奖励"[3]。义盛粮食行的伙计，一年 25 到 30 元，学徒工没有工资，伙食、住宿、理发、沐浴，都由老板和股东负责。

崇宝花行的主管，每月 30 元，职员从 4 元到 20 元不等，学徒工不拿工资，提供食宿，年底有奖金，一年假期 1 个月，分红以三七分为标准。新鲁花行的主管每月 25 元，职员从 10 元到 25 元不等，学徒工没有工资，年底时，店长酌情发钱，最多能拿 100 元，食宿费则是店里提供，一年一次一个月的休假，分红以四六分为标准。复成信棉花行的主管每月工资 20 元，职员工资

① 龚旭晨，倪昌有，施九湖：《张垣古城的斗牙行业》，载中国人民政治协商会议河北省万全县委员会文史资料征集委员会：《万全文史资料第 2 辑》，1988 年，第 33—35 页。
② 山东省政府实业厅：《山东工商报告》，山东省政府实业厅印，1931 年，铅印本，第197—198 页。
③ 同上。

从 5 元到 18 元不等，学徒工不支付工资，年底酌情发放奖金。理发、沐浴由本店提供，一年两次休假，为期四十天，三年结账一次，分红以四六分为标准。夏津县庆德成花行职员每月工资多的 8 元，少的 3 元，学徒工没有工作，伙食、住宿、理发、沐浴均由本店提供，学员每天早上和晚上都要学做算术和会计，分红以四六分为标准。夏津县泰兴花行职员每月工资 2 元至 6 元，学徒除了伙食之外，无工资，理发、沐浴等均由本店供应，学徒工于每天晚上学习珠算及记账，分红以四六分为标准。[①]

五、上新河古镇木行员工的生活

上新河在我国南京市建邺区水西大门一带，是长江地区有名的木材贸易中心。牙商在新河的牙行主要负责给商人代销生意，买家支付给牙行佣金二分或三分，卖客支付给牙行佣金三分或四分不等。在此设有大小行 200 多个，其中基本员工不下 400 人。

因为工作的特殊性，木行的员工整天游手好闲，卖家（多在湖南，江西）的货物多从黔、湘、赣等省的木料产地运过来，且频次不高，所以木行的员工只需经常会去江滩巡逻，然后把卖家的货物特征都记下来，向老板汇报便可。

在木行里，初级员工要干的就是"打码子"（记录木头的大小）。这件事是由"量围尺"的人报出尺码大小，再由初级员工记录的。"有些时候，内陆的买家会进行倒买倒卖，一天可以卖出数千根，而那些量围尺的人，就算手艺再好，一天也只能量一千多根，所以经常需要连续工作好几天。""打码子"需要精通验笔书写，还要拥有敏锐的大脑。与此同时，因为"打码子"

① 山东省政府实业厅：《山东工商报告》，山东省政府实业厅印，1931 年，铅印本，第233—235 页。

是站立工作，所以对腿部力量的也要求较高。"从早上站到中午，吃午饭的时候才能有个短暂的休息。吃过午饭，还要继续站着，直到日落西山才能休息，没有力气的人，是做不到这一点的。"[1]

木行员工的工作是艰苦的。工人们在江滩干活，到了傍晚，他们就必须把木板捆起来，这样才能更好地检查，更快地完成任务。晚饭后，他们还要和商人们闲聊，直到过了十二点。木行的员工薪水很少。初学三年的，每月 2元，以后按年平均增加工资，四年以后才涨到 3 元。[2]

---

[1] 刘学海：《木行》，《读书生活》，1935 年，第 2 卷第 10 期，第 444—445 页。
[2] 同上。

第八章　牙商与区域社会经济变迁

牙商的是中国城乡市场中为买卖双方说合交易而抽收佣金的中间商人，牙商的产生是商品交换发展的产物，是为适应商业发展需要不断调整社会经济结构的结果。在近代，牙商为了顺应当时中国经济发展的大环境，自身也在经历一次大的变革。在这一时期，牙商们通过他们独特的商业模式和社会网络，不仅在经济领域具有一定的影响力，还深刻地影响着当地社会的发展和变迁。

第一节 牙商与上海的经济社会变迁

上海牙商企业的经营范围和规模不断扩大，其个体化趋势也越来越明显，并逐步发展到了批发业。而在此期间，由于其经营范围广，不但促进了上海的商贸繁荣、企业资金的转移，也促进了金融的发展，使得上海在长江地区逐步形成了一个新的经济枢纽。

在上海，近现代之前已经形成了"船牙""布牙""豆牙"等中介机构，但尚未形成更大的中介机构。由于上海商业繁荣，中介机构发展迅速，大量的牙行应运而生。到1930年，上海共有17个一级牙行、37个二级牙行，37个三等牙行、30个四等牙行，涉及农产品、畜产品100余种，有北货海味业、水果地货业、鱼业、花卉业、药材业、猪业、糖业、木业、鸡鸭业、粮食业等产业。由于上海的人口越来越多，生意越来越好，越来越多的人从其他地方来到上海，这对上海的经济发展起到了重要的推动作用。上海同兴行因发展壮大，改名为"鼎泰北"，成为上海北货行第一家规模性的牙行。随后昌泰、裕成、长泰等牙行也相继崛起。同样，造纸行业也是如此，最初的集散地是宁波，后来逐步进入上海，先在乍浦，后迁南市。木业亦于近现代陆续移至上海，如莫氏、葛氏、南浔徐氏、宁波陈氏、安徽胡氏、启泰、开泰、天泰、恒源泰、巽森、胡裕昌等，当地有瑞泰、成大等企业，上海的产业渐渐兴旺。苏州的参行也开始迁入，之前，中药都要去苏州、嘉兴、松江等地采购，到了近现代，上海逐渐出现了很多大型药材行，如嘉广生、义成等，称为"七大行"。还有学者认为，上海的杂粮行、化行、木行、糖行、北货行、药材行、猪行、鸡鸭行、鱼行、水果行等10个主要的中介行业，除了杂粮行、花行外，其余都是近代才得到发展的。

在上海，早期的牙行机构以引荐和销售为主，具有中介作用。但是在民国期间，很多牙行都挣脱了这个束缚，有些直接进行大量的自主性交易，转而成了批发。北方的"行"家，比如益大、德泰恒等早就和天津的山货行进行了联系，并委托他们从北方集市上采购枣。到1920年，鸿元北货行的货物贸易也开始往营口、大连发展，从中采购北货。20世纪30年代，坤元、鸿元、信康等在汉口设庄，购买经平汉线南下的红枣、木耳、桃肉、湖南湘莲等商品。许多北方的商行既代客买卖，也销售自己的货物。最早的时候，水果行也是代客买卖或者销售自家货物。冰鲜行通常都是做腌制品，最初是由北部的商户贩卖，然后委托给鱼行，大批咸鱼到沪后，冰鲜行还会派人去生产区购买一部分。有些鱼行专门出售咸鱼，但他们只负责自己的生意，不会代客买卖。杂粮行主要经营东北地区的豆、油、饼等，通常都是既代客买卖，也销售自己的货物。中草药行虽然有牙帖，但也逐渐从"代理"向"低价收购、高价出售、赚取提成"的策略迈进。批发业的转变，在花行和糖行都有不同表现。糖行依靠自身雄厚的资本，大举收购商品，然后等待时机卖出高价，并逐渐开始涉足销售业务。糖业的运作模式也发生了进一步的改变，由原来的土糖贸易中介转变成了进口糖的批发。总而言之，上海的发展推动了批发行业的发展，推动着商品快速流通。

上海近现代牙商的兴起使部分牙商进入了工业界，尤其是从事生产加工的牙行，改变尤为明显。如程恒昌的棉花行，最早就是把棉花卖到浙江和江西，以供农民自己纺织和编织。在新型纱厂大规模开办之后，国外洋商在沪建立了一个专门的采棉公司，以便向国外的棉商出口棉布，或者卖给私营企业。棉花行的营销模式随之改变，在新品种推出之前，先将现货出售给国内外的厂家，然后由双方签订合同，分期交付。上海程恒昌棉花行，由于出售的目标转变成了华资和外国企业，棉花却仍需要由纱厂转交给轧花厂进行处理，于是接手了整批轧花生意。一年前，他就开办了一家手工轧制工厂。类似的还有杨合兴花米柴行和杨万盛纱号合开合义兴轧花厂等。这些都是上海牙行的商业资本转变为工商业资本的极佳范例。

牙商对金融行业的发展也起到了推动作用。因牙商经营规模的快速增长和贸易需求的急剧增长，牙商与银行、钱庄有着紧密地联系，促进了我国的金融发展。例如坤元北货行，其经营活动一直依赖于宁波钱庄的贷款。另外一间牙行慎益号也常常贷款六七十万元。在北货行，流通的资金来源于银行的信贷。猪行因为在管理上需要大量的贷款和金钱，所以只能从行庄贷款。糖行从宁波钱庄获取了长期贷款，每年利息 6～7 厘，由于经营稳定，又得钱庄信赖，钱庄贷款的利息降低，每年只需 4～5 厘。粮食行与银行之间的联系更为紧密。1920 年，德泰粮食行同四十几个银钱业有来往，贷款总金额达 72 万元。另外一间名叫"大城"的粮食行，与本市七十余家银行有业务往来，透支金额超过 100 万元。[①]

① 丁日初：《上海近代经济史》第二卷（1895—1927），上海人民出版社，1997 年版，第 252—253 页。

第二节　牙商与山东的经济社会变迁

　　牙商作为商品购销、转运环节的中间人，和外商在内地采购商品的代理人，其对农产品的采购需求状况反映了外商甚至资本主义世界市场的需求状况，成为农业生产销售的直接影响者。

　　随着对外贸易的扩展和国内工业发展的需要，牙商大量代理收购农产品，并将越来越多的农产品投放到市场中，农业的商品化程度进一步加深。这一点表现在：花生、棉花等作物大量增加。在花生产业方面，山东省的花生行推动了当地的花生生产。山东省大汶口花生集市上，有多个大型花生行，还有几十个替青岛等地商户代购的牙商。一些学者认为，从青岛向美国输出的花生油，约占中国国内的半数，1918 年，从青岛向美国输出的花生油价值 400多万元，每年中国的花生油出口额达 800 多万美元，在中国的外贸中占据了举足轻重的地位。[①]1900 年至 1925 年，山东省章丘地区的花生产量增长了 390倍，济阳地区的产量增长了 175 倍。在棉纺产业方面，山东的牙行主要在济南、张店和青岛的棉纺批发市场。1909 年，济南首间花行（阜成信花行）开业，1915 年便增加到了 13 个。凡是销到济南的棉纱，都要经过花行，才能向国内外的商人出售。第一次世界大战期间，济南地区通过花行商贩批发的棉花数量大约为 20 万至 30 万公斤。到了 20 世纪 30 年代，棉花行在棉花贸易中扮演了越来越重要的角色，因此，棉花牙商的销售额也有了很大的提高。1933 年，夏津 13 个棉花行共收到 982 万元的收运额，其中清平 21 个棉花行的收运额达 390 万元，恩县 11 个棉花行的收运额为 107 万元，高唐 7 个棉花

[①]　《山东花生贸易之调查》，《中国商业月报》，1920 年，第 12 期，第 45—46 页。

行的收运额为 68.4 万元。1934 年，济南有 18 个棉花行，张店有 30 个棉花行，从全国各地到济南、张店来谈棉花生意的商户有五十多位。那时候，济南棉花市场的年销售量能达到 120 万斤，成交价 4512 万元，张店棉花市场每年的成交价也超过了 20 万斤。在山东，由于牙商在棉花行发展迅猛，棉田也逐步扩展，形成了齐东县、临邑县、聊城和郭城四个主要产区。①

牙商推动了手工制造向机械制造的转变。20 世纪初，山东省的牙行经常进行洋货交易，引进洋纱、纱线等西式工业产品，洋布也通过牙行运到了大陆，有些牙商专门卖洋纱，农民从牙行那里收购的大量洋纱和洋布，一般都是经牙商之手。农场主们从牙商那里购买一些棉花，然后进行加工制造，卖出棉布，生产经营活动完全以手工为主，没多久，传统的乡村手工业便遭到了打击。因为在资金累积之后，牙商将资金投入到了机械加工行业，推动了手工制造的转型。可以说，自从洋布进入中国之后，土布就被淘汰了。民国初期，有村民在本地推行了织布机，短短几年，如穆村、邓村、石埠、驸马营、桑园、眉村等，都开始以纺织为生。20 世纪 30 年代，纺织设备的数量超过 5 万台，生产的产品达到了千万匹。②

牙商促进了商业资本向工业资本转化。当牙商获得了一定的商业资金之后，就转向了工业公司。山东牙商的商业资本在清末经济发展中有着重要分量，从清朝到抗战之前，山东省的穆伯仁经营着众多牙行：山东博山县同和泰粮栈、济南同聚和粮栈、济南德兴和粮栈、济南德兴昌粮油店等。穆伯仁在获得了足够的资金后，开始涉猎实业，创立了十多家工厂，主要集中在山东、山西，其中有济南惠丰面粉厂、太原晋丰面粉厂、济南仁丰面粉厂等。在这些公司里，穆伯仁都身居要职，大权在握，在他的任期内，凭借着聪明才智，商业业绩相当可观的。1916 年，他在济南创立了通惠银行，并担任了

---

① 李晓：《牙商与近代山东经济》，山东大学硕士学位毕业论文，2016 年，第 43 页。
② 同上，第 48 页。

董事长。穆伯仁出身于贫苦人家，曾在济南、桓台、太原、博山等地建立了十多个商业公司，资产超过 200 万元，是济南乃至山东地区的一大富豪，并享有"商贾师表"的美誉。[①]同样的，苗氏家族在济南也是出了名的，苗氏家族在济南相继成立了四个粮栈和一个炭栈，并在济南建立了 30 多个分庄，分别位于津浦和胶济，为全国各地的商人提供代购和销售，苗氏家族的牙行里，每天都有 200 多个来自不同国家的商人。苗氏家族凭借着在牙商生意上的积累，发迹在济南。此后，他从商人转向了工业，成立了几十家大公司，并且扩展到了西安和南京。除了穆伯仁、苗氏家族之外，还有不少牙行将自己的产业资金转化为工业资金，成立了自己的公司。

牙商对现代产业投入巨大，显示出了对工业极大的热忱，当时大量的工矿企业都是由牙商创办的，充分说明牙商为近现代工业发展提供了资金支持，做出了巨大贡献。

[①] 张彦台：《蜕变与重生：民国华北牙商的历史演进》，山西人民出版社、山西经济出版社，2013 年版，第 208 页。

第三节　牙商与广西的社会变迁

民国年间，广西牙商开办的平码行号已渗透到市、区、乡、村等各种集市，改变了广西的产品结构，推动了当时的市场商贸活动。广西各族交往增多，有利于广西的民族经济一体化。

牙商有利于商品结构的演变。在广西的现代农业中，大米、水稻的流通量极大，1915 年之前，由梧州运来的广西米粮年达 400 万担，此后一直到解放战争之前，每年的产量都超过百万担，是广西最重要的贸易之一。在此期间，平码行担当着必不可少的中介角色。1936 年，孔繁琨进行了一次调查，南宁、柳州、桂平、江口、桂林、平乐、梧州等地都有平码行。由于平码行的不断发展，加上牙商中间地位的不断增高，广西部分民国之前很难见到的桐油、蓝靛、猪鬃等产品，在市面上逐渐增加。比如，国际市场上对桐油的需求量越来越大，广西的桐油便成为主要的出口商品，1936 年至 1937 年，广西的出口量分别占全国出口量的 16.36%和 23.55%[①]。通过平码行进入市场的货物不仅有谷米、桐油，还有油、糖、豆、八角等各类特产，广西的产品构成在不断地变化。

牙商推动了行业架构的变革。广西平码行的迅速发展，使广西的商贸更加兴旺，同时也反映出了行业架构的变革。比如，邮局、电信和资讯产业的发展，就是最显著的例子。由于市况瞬息万变，若没有便捷的通讯技术，平码行不能及时掌握各地区的产品和销货状况，亦不能向购货双方提供准确、即时的业务资讯，故不少平码行都寻求先进的通讯手段。譬如南宁仁爱路一

---

① 广西省政府统计处：《广西年鉴》第三回，未刊，1944 年，第 498 页。

带，设有专门为广州香港商行提供的专用无线电广播站，以暗中交换货物价格波动和供给。柳州的平码行也是如此，有专门用于通讯的电报、无线电台、长途电话机。因而，随着平码行的不断发展，我国的邮政信息产业也随之进步。此外，旅馆、酒楼、茶馆等服务业也一起繁荣了起来。

牙商促使人们的思想和观念发生变化。与江南、沿海一带相比，广西地处边陲，商业观念薄弱，有一种"寸金不如寸土"的观念，不谙贸迁，认为生意不能做、不好做、不易做。到了民国年间，广西百姓的农产品经由牙行进入了集市，同时火柴、洋纱、洋布等商品也经由牙行进入百姓的生活，人们对集市的依赖度与日俱增，"以牛为耕作，以禽类为节日，以猪为新年，以蔬菜为食"[1]的思想渐渐淡去，商业观念随之加强。有一部分人则加入了牙商的行列，利用全职或业余时间经商。

牙商推动了民族经济融合发展。广西位于南方的边陲，是汉、壮、瑶、苗、彝、仡佬等多个民族的聚集地。民国初期，全国各地土州相继实行县制，广西地方官员上任后，将一度严重妨碍汉族与少数民族间经贸往来的"土司体制"废除。由此，广西经济发展迅速，形势向好，牙行也开始将业务扩展到桂西地区。在百色镇，民国初期便已有平码行，1926年发展到了20多家。根据1935年的具体数据，百色镇共有21个平码行，资产总计20多万元[2]。牙商穿梭于繁忙的大城市里、偏远的小乡村里，城市圩市的生意也随之发展。各民族通过在圩市交流，相互影响、相互交融，使民族经济得以发展。如隆林那劳圩上，汉、壮、瑶、苗等多个民族汇聚在这里进行货物和日常生活用品交易，场面十分热闹。

[1] 刘爱新：《近代经纪业发展与边疆地区民族经济融合——以广西为例的透视》，广西师范大学硕士学位论文，2005年，第44页。
[2] 广西省政府统计处：《广西年鉴》第二回，未刊，1935年，第475页。

第四节　牙商与西北地区的经济社会变迁

在西北，很多牙商经营皮毛行，这不但成为西北地区经济运行的主要支柱，还改变西北地区商品的出口和消费方式，从而增强了西北牧民的商业意识。

牙商推动了西北经济和社会的发展。民国期间，我国西北地区除陕西、甘肃、宁夏、青海、新疆之外，地域逐步向绥远、察哈尔、西康等地扩展。西北地处中国北方的农牧区，是中国最大的皮毛生产基地，现代中国 70%的皮毛都来自这里。资料表明，1919—1929 年，中国的皮毛出口量达到了 45 万担，其中约 80%产自西北。皮毛交易已成为西北地区的第一大财源，也是西北地区商业和金融业的"发动机"以及西北经济和社会的中流砥柱，而牙商所开办的牙行，则是西北皮毛交易的重要中介。与此同时，由于皮毛交易的繁荣，也促使当时的西北社会逐渐繁荣。有学者指出，民国期间，甘肃省天水的张家川县龙山镇和张川镇，常年经营着大大小小七八十家皮毛行，行内货源充足，品种繁多，服务完善，广大皮毛企业及国内外客户慕名前来采购。经过长期发展，皮毛行已经成为张家川地区与外界联系的重要纽带。由于牙商开办的皮毛行越来越多，皮毛行的功能也逐渐多元化，除了作为中间商，将皮革商与商户联系起来之外，还将交通、餐饮、娱乐、旅游等第三产业联系起来，真正起到了桥梁和纽带作用。

牙商改变了西北产品出口的结构。在我国历史上，西北地区多以农业生产、畜牧业及中草药为主。到了近现代，由于皮毛业的兴旺，皮毛就成了我国西北最大的出口商品。一些学者认为：以皮毛为中心的出口产品，其增值程度是以几何倍数增长的，本地人的购买力也随之提高。这些改变，不但使以出口皮毛为主的西北地区得以发展，同时也改变了当地居民的生活消费结构，尤其是牧民的购买力，几乎呈几何倍数增长。在包头，牙商经营的皮毛行分为两大类别：毛栈和货栈。商人们一般会将自己的皮毛货物交给毛栈或其他客店出售，然后将自己所需的货物托运到仓库。包头是我国北方地区最大的皮革贸易集散地。根据资料数据表明，1922 年到 1932 年，包头皮毛制品的产量分别是：3330 万斤、3320 万斤、3160 万斤、2930 万斤、2730 万斤、3530 万斤、3420 万斤、3550 万斤、3500 万斤、1760 万斤、800 万斤，各种皮类达数十万张。[①]

根据顾执中的调查，20 世纪 30 年代，青海出口的主要商品是家畜，尤其是家畜皮毛。经西宁出口的毛皮不但量大，而且品质好，并且品种繁多，有羊皮、狐皮、沙狐皮、狼皮、山羊皮、老羊皮等。

归绥地区共有 19 家牙行从事牲畜皮毛生意，以代销牲畜皮毛、抽佣金为主要业务。皮毛商加入该行业的成本很高，不过赚取的钱也很多，因此，归绥地区的皮毛就成了出口的重要商品。

大部分皮毛商的资金在 1 万元左右，最高的有 7 万元，最低的有 1,000 元，佣金最高的有 15,000 元，整个行业资本总额约为 39,800 余元，营业总额约在 80 万元以上。

牙商改变了西北地区的牧民生活方式。在过去，西北牧民的消费主要是从大陆采购粮食。唐代至宋代，牧民不仅对食物的需求有所改变，而且对丝绸、茶叶等物品的需求也有所增加，由此形成"茶马贸易"与"绢马贸易"。近代皮毛交易繁荣，使得西北地区的牧民财产增长了 80%以上。[②]这些额外的

---

① 胡铁球：《近代西北皮毛贸易与社会变迁》，《近代史研究》，2007 年第 4 期，第 96—98 页。

② 同上，第 102 页。

财产被牧民们用来买食物、茶叶、棉花、糖等日用物品，改变了西北地区牧民的消费习惯，使得很多牧民的消费理念和农民并没有太大的差别。随着皮毛的出口，丝绸、瓷器等生活用品也纷纷涌入青海。

牙商增强了西北牧民的经商觉悟。由于皮毛交易的广泛开展，牧民们的经商意识也随之提高。牧民们常常充当汉商之间的中间人，为汉商们提供皮毛。牧民们会生产羔皮，当羊还在修剪羊毛，或者猎人们带着兽皮、鹿茸、麝香归来时，牙商们会迅速传递消息，以帮助客商收账或抢购这些商品。此外，皮毛交易也带动了许多新的行业出现，例如皮毛的包装和加工（拣毛业、晒皮业、皮毛加工业、皮毛装卸业）等。

主要参考文献

1.杨天宏.口岸开放与社会变革——近代中国自开商埠研究，北京：中华书局，2002.

2.陈诗启.中国近代海关史，北京：人民出版社，2002.

3.许毅等著.清代外债史论，北京：中国财政经济出版社，1996.

4.曹均伟.中国近代利用外资思想，上海：立信会计出版社，1996.

5.曹均伟，方小芬.中国近代利用外资活动，上海：上海财经大学出版社，1997.

6.［美］费正清编，中国社会科学院历史研究所编译室译.剑桥中国晚清史，北京：中国社会科学出版社，1993.

7.［美］费正清编，中国社会科学院历史研究所编译室译.剑桥中华民国史，北京：中国社会科学出版社，1993.

8.严中平主编.中国近代经济史：1840—1894，北京：人民出版社，1989.

9.汪敬虞主编.中国近代经济史：1895—1927，北京：人民出版社，2000.

10.许涤新，吴承明主编.中国资本主义发展史.第2卷、第3卷，北京：人民出版社，1990.

11.吴承明.北京中国资本主义与国内市场，北京：中国社会科学出版社，1985.

12.［美］雷麦著，蒋学楷等译.外人在华投资，北京：商务印书馆，1959.

13.郑友揆.中国的对外贸易和工业发展：史实的综合分析，上海：上海社会科学院出版社，1984.

14. ［美］马士著，张汇文等译.中华帝国对外关系史，北京：三联书店，1958.

15. 黄逸平.近代中国经济变迁，上海：上海人民出版社，1992.

16. 郝延平著，李荣昌译.十九世纪的中国买办——东西间的桥梁，上海：上海社会科学院出版社，1988.

17. ［英］莱特著，姚曾虞译.中国关税沿革史，北京：三联书店，1958.

18. 姚曾荫主编.国际贸易概论，北京：人民出版社，1987.

19. 樊亢、宋则行主编.外国经济史，北京：人民出版社，1981.

20. 虞宝棠编著.国民政府与民国经济，上海：华东师范大学出版社，1998.

21. 武堉干.中国国际贸易概论，上海：商务印书馆，1930.

22. ［日］滨下武志.中国近代经济史研究——清末海关财政与通商口岸市场圈，南京：江苏人民出版社，2006.

23. 严中平.中国棉纺织史稿，北京：科学出版社，1955.

24. ［美］杨格著，陈泽宪、陈霞飞译.一九二七至一九三七年中国财政经济情况，北京：中国社会科学出版社，1981.

25. 陆仰渊，方庆秋主编.民国社会经济史，北京：中国经济出版社，1991.

26. 叶松年.中国近代海关税则史，上海：上海三联书店，1991.

27. ［以］谢艾伦著，张平等译.被监押的帝国主义——引发在华企业的命运，北京：中国社会科学出版社，2004.